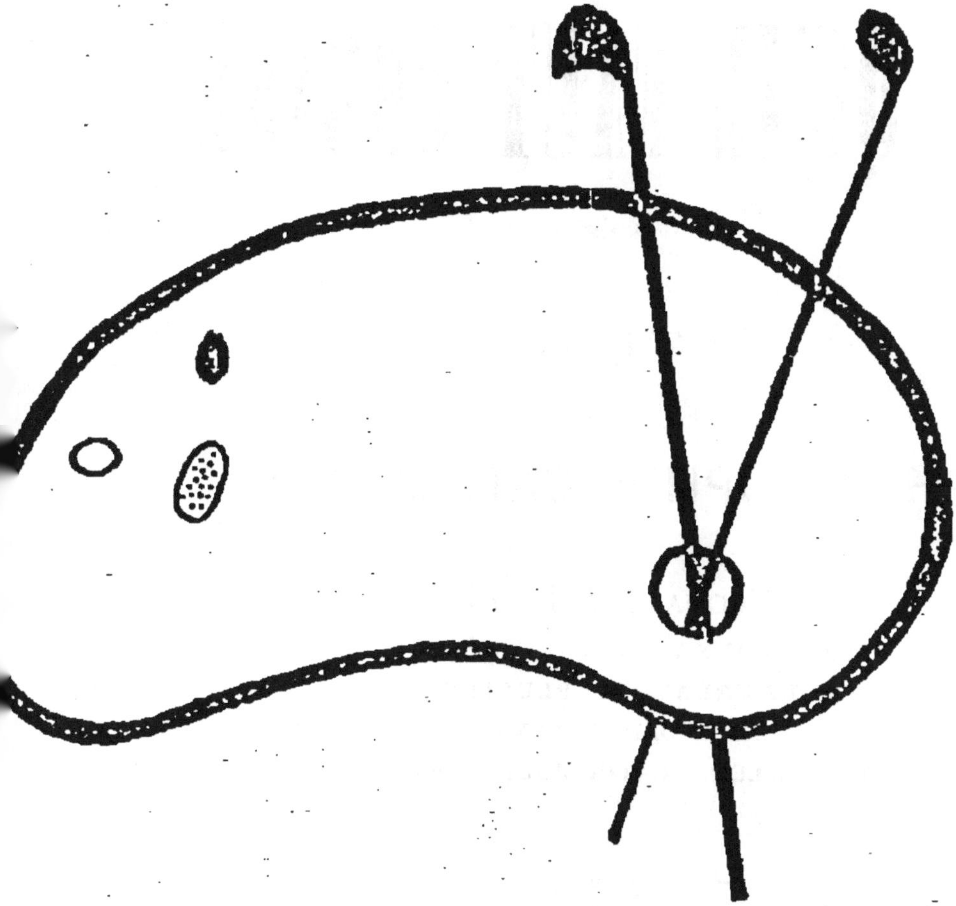

COUVERTURE SUPERIEURE ET INFERIEURE
EN COULEUR

PROPAGANDE SPIRITUALISTE

CE QU'IL FAUT CROIRE

ÉTUDES

DE

PHILOSOPHIE CATHOLIQUE

PAR

Édouard L'HÔTE

PRÉSIDENT, VICE-PRÉSIDENT
MEMBRE ET LAURÉAT DE PLUSIEURS ACADÉMIES
CHEVALIER DE L'ORDRE ROYAL ET AMÉRICAIN
D'ISABELLE-LA-CATHOLIQUE, D'ESPAGNE.

CHAUNY
NOUGARÈDE, ÉDITEUR, 35, RUE DU PONT-ROYAL

1883

TOUS DROITS RÉSERVÉS

OUVRAGES DU MÊME AUTEUR

Poésie

Les Primevères, 1 vol. in-18. 3e édition.	3 50
Les Premières Neiges, 1 vol. in-18. 2e édition. . .	3 50
Les Orphelines, 1 vol. in-18.	3 50

Littérature, Romans et Nouvelles

Une Reine d'un Jour, 1 vol. in-8o. 2e édition. . .	3 50
Geneviève d'Avenelles, 1 vol. in-18. 2e édition. . .	3 50

Beaux-Arts

Les Leçons du Portique (Conférences sur les beaux-arts,) 1 volume in-8o.	5 50

Économie politique

Le Parfait Douanier civil et militaire, 1 vol. in-18.	3 50
Simples Notions d'Économie politique et sociale, 1 vol. in-18	3 50

EN PRÉPARATION :

L'Infini, 1 vol. in-18.	3 50
Le Monde physique et le Monde métaphysique, 1 vol. in-18	3 50
Coups de Plume philosophiques et littéraires, 1 v. in-18.	3 50
Silhouettes et Portraits historiques et littéraires, 1 vol. in-18	3 50
Voyages, 1 vol. in-18	3 50
Nationalité française au XIXe siècle. 1 vol. in-8o. .	5 50

Tous ces ouvrages étant épuisés, l'auteur se propose d'en publier successivement — aux mêmes conditions — des éditions nouvelles.

On souscrit par carte postale adressée à M. NOUGARÈDE, imprimeur-éditeur, 35, rue du Pont-Royal, à Chauny (Aisne).

PROPAGANDE SPIRITUALISTE

CE QU'IL FAUT CROIRE

ÉTUDES
DE
PHILOSOPHIE CATHOLIQUE

PAR

Édouard L'HÔTE

PRÉSIDENT, VICE-PRÉSIDENT
MEMBRE ET LAURÉAT DE PLUSIEURS ACADÉMIES
CHEVALIER DE L'ORDRE ROYAL ET AMÉRICAIN
D'ISABELLE-LA-CATHOLIQUE, D'ESPAGNE.

CHAUNY
NOUGARÈDE, ÉDITEUR, 35, RUE DU PONT-ROYAL

1883

TOUS DROITS RÉSERVÉS

AVERTISSEMENT DE L'ÉDITEUR

Au temps où nous vivons, au milieu des préoccupations toutes d'intérêt matériel et personnel qui absorbent nos contemporains, s'il est un sujet digne de surprise et d'encouragement, c'est assurément de voir un homme du monde qui n'est ni théologien ni prêtre, mais simplement un homme « de bonne foy » — comme disait Montaigne — un homme de conviction sincère et de bon sens, prendre la plume avec l'intention de défendre nos croyances et de rappeler les grandes vérités qui doivent servir de base à toute société qui veut vivre ; c'est de voir un penseur laïque (1) *élucider les*

(1) Dans une lettre qu'il écrivait à M. L'Hôte son parent, sous la date du 22 janvier 1883, le vénérable Supérieur d'Issy, M. E. Maréchal, s'exprimait ainsi : « Je vous loue et vous
« approuve de persévérer dans la publication de votre livre
« apologétique, qui est déjà annoncé. La sainte Eglise n'a
« jamais dédaigné les secours que de pieux laïques peuvent
« lui porter en ce genre. Saint Aristide au IIe siècle, et saint

dogmes les plus ardus de la doctrine chrétienne, aborder de front les erreurs et les contradictions de la science moderne, et aider ainsi les écrivains catholiques à remettre en lumière les principes religieux et sociaux, seuls capables de raffermir une situation humaine profondément troublée et ébranlée.

Tel est le but que s'est proposé M. L'Hôte dans le livre que nous offrons au public.

Par la solidité des arguments, l'originalité des aperçus et le mérite du style, l'auteur espère obtenir l'approbation des croyants et peut-être même la conversion des sceptiques : Enorme prétention, dira-t-on ?

Qu'importe ! si ceux qui le liront finissent par se convaincre après avoir été charmés. Qu'importe ! si les raisons nouvelles et parfaitement sensées qu'a trouvées le philosophe chrétien pour croire à l'existence de l'Enfer, par exemple, et à la nécessité de maintenir la Peine de mort lui ont paru, à lui, sans réplique et mériter l'attention.

Faire passer sa conviction dans l'âme des lecteurs,

« Prosper au Ve, en sont de beaux exemples. Il y a même
« telle époque, telles circonstances, telles dispositions des
« esprits, où ce secours peut être plus efficace même que celui
« des prêtres, qu'on peut suspecter et récuser, comme inté-
« ressés et combattant, *pro aris et focis.* »

c'est là une « noble démarche » — eût dit Pascal; — elle suffira sans doute pour faire absoudre l'écrivain, déjà connu comme poète et critique d'art, mais qui tente aujourd'hui une œuvre aussi méritoire qu'elle est difficile.

C'est à ce double titre que nous la recommandons.

AVANT-PROPOS

DE L'AUTEUR.

Nous ne saurions nous lasser d'entretenir nos lecteurs de ce cher et excellent doyen d'Aubenton, M. Valentin-Melchior Dupont, dont la perte nous est toujours si sensible que le vide qu'elle a laissé dans notre cœur et dans notre esprit semble ne pouvoir être jamais comblé.

Nous n'avons reçu de lui, pendant les huit années qu'a duré notre liaison, qu'une seule lettre; aussi, sachant combien tout ce qu'a pu penser et écrire — même incidemment — notre regretté défunt a le droit d'intéresser ses amis, nous ne voulons pas les en priver.

Cette lettre, pour nous si précieuse, où l'on entrevoit déjà les signes précurseurs du fatal dénouement du 7 août 1882 — nous fut écrite par le vénéré pasteur le 6 mai, c'est-à-dire trois mois, jour pour jour, avant sa mort, pendant un voyage que nous faisions à Paris. Elle peut donner la mesure du degré d'intimité qui existait dans nos relations par la désinvolture même du langage — poussé jusqu'à l'hyperbole — que se plaisait à tenir à son paroissien cet aimable correspondant.

Aubenton, le 6 mai 1882.

Monsieur et bien digne Président,

Puisque vous avez si bien tenu compte de mon désir en me donnant votre adresse, j'en profite pour vous envoyer le *Journal de Vervins*, renfermant votre discours prononcé sur la tombe du bon M. Lizot... Vous remarquerez que, chose assez rare, il a été bien rendu et sans être émaillé de ces *coquilles* qui souvent défigurent le fond et la forme.

Je vous félicite de ces loisirs que vous employez si bien, comme *flaneur* sur les boulevards. Un flaneur de votre trempe ne perd pas précisément son temps. Votre vrai rôle est bien celui d'un observateur sagace, et si vous vouliez communiquer à certains journaux vos réflexions, plus d'un s'en réjouirait et s'en trouverait bien. Toutefois, je me permettrai de vous faire remarquer que vous êtes si éloigné du genre Joseph Prudhomme, que quand vous lui donnez la parole, vous ne pouvez vous en tenir à ce type si peu fait pour vous, et qu'à votre insu vous le faites parler comme Joseph de Maistre...

L'homme *habile* que vous avez dépeint méritait bien vos

justes et sévères réflexions. On perd aujourd'hui jusqu'au sens des mots. On se fait une langue à la hauteur d'une morale très élastique; hélas! Paris n'a pas le monopole de ce travers.

Vous parlez du provincial ébahi à la vue de Paris, comme on en parlait du temps de M. de Jouy, sous la Restauration. Le provincial, le vrai provincial avec sa simplicité, sa droiture, sa naïveté, où est-il? Est-ce que les chemins de fer et les grandes Expositions n'ont pas *parisiennisé* presque tout le monde?

Je lisais tout récemment que d'humbles sculpteurs de crucifix et de chapelets, de la bourgade de Bethléem, étant venus à l'Exposition de 1878, s'en sont retournés dans leurs montagnes brûlées par le soleil, portant le costume parisien qu'ils ne peuvent plus quitter. Les *habiles* de Paris sont bien vite copiés, et tout ce qui est absurde ou véreux est assuré d'un succès prodigieux.

Les nouvelles politiques d'une bourgade perdue dans les forêts de la frontière ne peuvent plus guère avoir de l'intérêt pour un flaneur parisien; disons toutefois — puisqu'il faut rester provincial — que les élections municipales du 30 avril ont laissé la mairie dans les mêmes mains — résultat qui n'est pas sans importance pour tous.

J'aurais voulu vous répondre hier, aussitôt la réception de votre lettre, mais je me suis trouvé si mal après ma messe, que j'ai dû demander l'assistance d'un voisin pour rentrer chez moi, et — ce qui n'est pas arrivé trois fois dans ma vie — je n'ai pu ouvrir les lettres que m'apportait le facteur.

Cependant, si vous trouvez le moment de me communiquer de nouveau vos observations de flaneur parisien, vos lettres ne tomberont pas toujours en si fâcheuse circonstance et je vous promets de n'en plus remettre la lecture.

Veuillez offrir, je vous prie, mes respects à ces dames et me croire toujours

Votre bien dévoué et reconnaissant,

V.-Mgr DUPONT.

Dans les *Etudes de Philosophie catholique* que nous présentons au public, nous avons simplement voulu rappeler à ceux qui les ont rejetés, oubliés ou perdus de vue — peut-être en est-il qui ne les ont jamais connus — les dogmes, vérités et principes éternels qui doivent servir de base à toute société civilisée. Or, notre société semble aujourd'hui avoir grand besoin de croire et de revenir à ces principes pour retrouver son équilibre.

Ces Études, M. l'abbé Dupont les connaissait et il voulait bien nous encourager à les poursuivre, car il comprenait qu'il était peut-être opportun que des plumes laïques vinssent — dans ces temps-ci — en aide aux ministres d'une religion si injustement dénigrée et maltraitée par l'incrédulité et l'athéisme. Il comprenait que des écrivains, plus ou moins autorisés sans doute, mais forts de leurs croyances et de la sincérité de leurs convictions, pouvaient avoir entre leurs mains des armes utiles à la défense du Christ et de sa doctrine.

Nous ne pouvions donc offrir à nos lecteurs — comme avant-propos de notre travail — un préambule qui fût mieux d'accord avec leurs pensées, plus intéressant pour eux et pour nous plus flatteur, que la lettre de M. Dupont.

Oui, nous avons été trop heureux et nous serons toujours trop fier des appréciations et jugements portés sur notre compte par cet homme éminent — dût notre modestie en souffrir — pour ne pas nous en faire, auprès de ceux qui l'ont connu et aimé, un titre au partage de ce trésor de sympathie et d'estime qu'il avait su si bien conquérir.

En plaçant ces Etudes sous l'invocation de notre saint ami et le patronage de ses confrères, nous espérons que le vœu que nous venons d'exprimer sera exaucé.

RÉFUTATION des DOCTRINES
DE LA SCIENCE MODERNE
SUR L'ORIGINE DE L'HOMME

I

Embryogénie. — Anthropologie.

Le Congrès international d'anthropologie et d'archéologie préhistorique ouvrait sa sixième session à Bruxelles, le 22 août 1872. — De nombreuses séances et d'intéressantes excursions scientifiques eurent lieu à cette époque sur le sol des Flandres. Des opinions fort divergentes se produisirent. Des discussions fort vives s'engagèrent dans le sein de la réunion. Mais la grande question de l'origine de l'homme, que la science anthropologique moderne a la prétention de résoudre à l'aide de ses propres lumières, ne semble pas avoir fait un pas décisif dans cette mémorable Session, ni même dans aucune de celles qui eurent lieu depuis. Aussi, nous en tiendrons-nous pour aujourd'hui, au récit analytique du Congrès préhistorique de Bruxelles, auquel nous n'avons pas assisté, mais dont nous avons connu à fond les détails, sauf à revenir encore plus tard, au fur et à mesure des révélations de la science, sur une question qui a le don de passionner, et avec raison, les gens sérieux, les philosophes et les penseurs.

Dans ce Congrès international de 1872, figuraient des savants, des naturalistes, des archéologues, des hommes instruits de tous les pays : MM. de Quatrefages, Hébert, Belgrand, Broca, de Mortillet *(de France)*. — MM. Boot, Dicks et Lamaur *(de Hollande)*. — MM. Nilson, Hildebrand, de Lagesberg, Olivecrona *(de Suède)*. — MM. Vorsaœ, Steenstrap, Engelhard, Schmidt *(de Danemarck)*. — M. Franks *(d'Angleterre)*. — MM. Desor, Cl. Robert *(de Suisse)*. — MM. Capellini, Constabile, Botti *(d'Italie)*. — MM. Fraas, Schaffausen et Wischow *(d'Allemagne)*. — MM. Domalius d'Halloy et Dupont *(de Belgique)*, le premier, président; le second, secrétaire général du Congrès.

Tous ces hommes éminents, occupant les premiers rangs dans la science européenne, furent conviés à explorer les principaux gisements de silex taillés et polis dont le sol belge abonde. On les invita à les examiner et à se prononcer sur leur ancienneté, sur leur âge *préhistorique*. Mais contrairement à l'opinion du baron de Ducker et de M. Ribeyro qui, en présence de certains débris et ossements trouvés à Pikermi en Grèce, puis en Portugal, demeurèrent convaincus de l'existence de l'homme dans la faune *pliocène* et *miocène*, le Congrès de Bruxelles se rangeant de l'avis de MM. Lartet, Gaudry, Capellini, Mortillet et Bour-

geois, déclara que « les os que l'on présentait
« comme ayant été brisés pour en extraire la
« moëlle l'avaient été naturellement, et que les
« silex trouvés dans le même gisement ne parais-
« saient pas taillés de main d'homme. »

Ainsi, au lieu d'avancer, la question de l'*homme
tertiaire* — celui-là même qu'on appelait autrefois
l'*homme fossile* — cette question resta au même
point douteux.

Jusqu'au Congrès de 1872, rien donc d'absolument concluant n'est apporté dans l'élucidation,
à *fortiori* dans la solution d'une question que
nous considérons, après tout, comme secondaire ;
car, à supposer qu'elle fût définitivement résolue,
elle ne ferait que reculer l'âge de notre espèce,
mais ne trancherait pas la question primordiale, la
seule véritablement importante — qui est celle-ci :
« Y a-t-il eu des hommes *préhistoriques*, c'est-à-
« dire des hommes antérieurs à Adam, à ce premier
« homme dont l'histoire racontée dans la Genèse, a
« été écrite par Moïse ? »

A notre avis, c'est dans ces termes que la question doit être posée; car il faut s'entendre avant
tout sur la signification du mot *préhistorique*, si
l'on veut sortir de l'imbroglio dans lequel la science
se débat depuis la découverte des silex taillés et de
la mâchoire de Moulin-Quignon, laquelle, par pa-
renthèse, d'après M. de Quatrefages lui-même,

« ne serait qu'un os arraché à un cimetière voisin
« et enfoui à la base du dépôt de gravier par de
« malins ouvriers. »

Il s'agirait donc de savoir, préalablement, si les hommes que la science nomme *préhistoriques, anté-historiques,* sont des descendants d'Adam, des hommes anté-diluviens, et alors pourquoi les appeler *préhistoriques* puisque la Bible est leur histoire? ou si ces hommes sont *pré-adamiques,* c'est-à-dire des hommes ayant précédé sur la terre la race d'Adam, race qui devait être anéantie par le déluge, mais qui s'est perpétuée depuis l'arche dans des circonstances que nous connaissons tous? Dans tous les cas, l'homme tertiaire ou fossile, serait toujours à nos yeux, un fils d'Adam.

Une race pré-adamique serait donc, selon nous, la seule à laquelle pourrait s'appliquer avec justesse la dénomination de *préhistorique*. D'un autre côté, la chronologie des âges que sir Jean Lubbock et M. Bourlot ont divisée en âges de pierre, de bronze et de fer, périodes subdivisées par d'autres auteurs en époques dites du *mammouth* et du *renne;* ces âges ou périodes auxquels la science moderne rattache l'existence des hommes réputés *préhistoriques,* peuvent peut-être nous renseigner sur l'ancienneté de ces hommes, mais ils ne nous certifient rien quant à leur origine première, et jusqu'ici, il faut bien le reconnaître, les théories des Darwin, des Huxley, des Wirchow, des Hœckel, des A. Comte, des Littré, et *tutti quanti* sur ce dernier point, ne sont qu'un tissu de données plus ou moins imaginaires. En somme, les questions anthropologiques font peu de progrès parce que le parti-pris de la science athée de rejeter le récit de Moïse l'éloigne de plus en plus de la véritable lumière. Qu'importe que l'homme du *mammouth* ait existé, comme l'affirme M. Bourlot, il y a 25 ou 29,000 ans et l'homme du *renne* il y a 16 ou 18,000 ans? la question n'est pas là. Sans doute, les os à moëlle, brisés, présume-t-on, par des hommes; les ossements, crânes ou tibias humains, trouvés avec des débris d'outils grossiers, de pierre ou de métal dans les couches du *pliocène*, du *miocène* et même de *l'éocène*; sans doute les squelettes des cavernes de Menton découverts par M. Rivière peuvent être très anciens — gaulois, mérovingiens, et même, si l'on veut, *antédiluviens* — mais il n'existe aucune preuve que ces débris aient appartenu à une race d'homme ayant précédé sur le globe la race d'Adam — aussi loin que vous fassiez remonter celle-ci dans les espaces de temps, c'est-à-dire, à une race véritablement *préhistorique*. D'après la Genèse, dont le criterium historique peut parfaitement s'accorder avec toutes les découvertes de la science, il n'y a eu qu'une seule race d'hommes, la race *adamique*; et c'est à un nouveau développement de cette doctrine que nous croyons à propos de consacrer ces pages, sans être nous-même ni théologien, ni géologue.

Il y a peut-être beaucoup de hardiesse de notre part, n'y étant pas plus autorisé que nous le sommes par la nature habituelle de nos études et la notoriété de notre nom, à venir contester devant un public préoccupé d'un si grave sujet, ce que tant de savants, d'académiciens, d'hommes spéciaux et d'adeptes d'une certaine école, considèrent, à l'heure qu'il est, comme une conquête du progrès, comme un fait acquis, évident, irrécusable; à savoir — la spontanéité naturelle et la diversité des races humaines, de même que l'origine soi-disant *pré-adamique* de certains types trouvés dans les dépôts antédiluviens. Mais, à une époque troublée comme la nôtre, où toutes les traditions jusqu'alors admises et respectées, où toutes les croyances, toutes les doctrines jusqu'ici réputées sérieuses et saintes, toutes les orthodoxies, en un mot, sont sapées et foulées aux pieds, il y a peut-être, nous ne dirons pas quelque courage, mais quelque bon sens, ou tout au moins quelque honnêteté à démontrer l'inanité, le vide, et surtout le danger de ces doctrines erronées qu'on cherche à décorer du nom d'idées nouvelles et à faire accepter comme autant de vérités irréfutables, quand elles ne sont qu'illusions ou mensonges, qu'un fatal entraînement de l'époque vers de fausses lumières, vers des théories absurdes et antichrétiennes, suscitées par l'esprit de négation et de révolte.

Qu'entendons-nous dire en effet, autour de nous tous les jours ? Nous entendons proclamer que « la « science a fait en ce siècle de si grands progrès « dans la découverte des lois et des mystères de la « nature, que la nature n'aura bientôt plus de se- « crets pour la science. »

Les hardis systèmes conçus par Darwin, Hœckel, Stuart Mill, A. Comte et autres embryogénistes, ont porté leurs fruits. La question du principe des choses et de l'origine des êtres est tranchée. Ce n'est pas seulement l'atavisme ou la sélection qui peuvent transformer l'autruche en chameau et le singe en homme, la génération spontanée, la génération scientifique elle-même, sont admises, et l'on pourra voir un jour, au moyen d'une combinaison chimique ou électro-magnétique et spirite, des créatures vivantes se produire comme les monstres dans l'opéra de Freyschütz !...

Déjà, et nous appelons sur ce fait toute l'attention du lecteur, un savant suédois, M. le professeur Grusselbach, prétend avoir trouvé le moyen de suspendre indéfiniment la vie dans l'homme et de lui faire reprendre son cours à volonté.

Il soutient que certaines momies égyptiennes, par exemple, sont des individus chez lesquels la vie n'a été que momentanément arrêtée par un procédé conservateur connu des anciens, particulièrement des prêtres d'Isis, procédé qu'il a renouvelé avec succès, et dont il se propose de pousser aussi loin que possible l'expérience.

Jusqu'à présent, le docteur Grusselbach s'est contenté de prendre un serpent. Il l'engourdit au moyen de son procédé, l'endort et le rend rigide et glacé comme un serpent de marbre; on le laisserait tomber à terre qu'il se briserait en morceaux. Il a abandonné l'animal dans cet état pendant plusieurs années, puis, à l'aide d'une aspersion stimulante dont la composition est son secret, il le rend aussi vif, aussi frétillant qu'avant son engourdissement. Voilà plus de vingt ans que ce reptile mène cette existence composée de morts et de résurrections successives sans paraître se porter plus mal.

Le grand chimiste suédois s'est, paraît-il, adressé à son gouvernement, le priant de lui confier un condamné à mort pour lui faire jouer, dans ses expériences, le rôle du serpent, s'engageant en même temps à restituer l'homme vivant au bout de deux ans, mais en exprimant le désir que le patient, une fois rendu à la vie, fut gracié.

Est-il possible — nous demandons-nous — qu'un pouvoir aussi surprenant soit acquis par la science humaine? Cette léthargie éternelle ou temporaire infligée à un homme par un autre homme, tiendrait déjà du prodige!

Mais voici qui est encore plus fort et plus incroyable.

Il a paru récemment une brochure dans laquelle l'auteur démontre la possibilité de féconder artificiellement le règne animal et de vaincre la stérilité de la femme elle-même par un procédé *scientifique.* Ce nouvel *abstracteur de quintessence* affirme que « les ménages qui le désireront, pourront, à l'ave-« nir, se peupler d'enfants... *scientifiquement !* » Jusqu'où peut aller l'outrecuidance, disons plutôt, la folie ou mieux la goguenardise de certains esprits ? — Si l'on en croit cet émule de Faust, ô merveille rassurante pour la morale ! la pudeur la plus farouche peut rester calme et sans atteinte en présence de ce nouveau système procréateur...

Plusieurs apôtres du transformisme : Wirchow, de Rostock, Vallace, Hœckel et Claude Bernard lui-même, n'ont-ils pas émis, eux aussi, la prétention d'arriver un jour à fabriquer de toutes pièces, des êtres vivants ? Ce dernier, mort depuis quelques années seulement (sans doute parce que Dieu ne voulait pas encore être détrôné par l'homme), n'était pas éloigné de croire qu'à l'aide de sa science physiologique, il finirait par découvrir et par manier à son gré l'essence spirituelle, le principe de la vie.

Le fameux chimiste anglais, Crookes, l'inventeur du *thallium,* ce savant couronné par l'Institut, en

1880, pour sa découverte de la *matière radiante*, — laquelle joue, paraît-il, un si grand rôle dans les manifestations spirites (1), M. Crookes croit être également sur la voie d'un état ou élément substantiel — volatil — composé d'électricité et de magnétisme, état intermédiaire entre matière et esprit — et qu'il appelle le *peri-esprit* ou quatrième état de la matière. Le monde savant, affriandé par cette découverte, en attend les merveilles, sauf à contester plus tard ses résultats, s'il les juge en opposition avec ses doctrines d'athéisme ou s'ils ne viennent pas, tout au moins, les corroborer en y conduisant l'esprit public dévoyé.

Quoi qu'il en soit, ces études insensées — qui nous reportent au règne diabolique de la magie, à l'alchimie et autres sciences occultes du Moyen-Age — indiquent une tendance désespérée vers un matérialisme transcendental, plus pernicieux encore que le simple rationalisme bourgeois et voltairien.

On aperçoit clairement jusqu'où ces utopies, filles de l'impiété, veulent nous conduire.

La science actuelle, dite *expérimentale*, semble avoir pour but de changer les données de la doctrine religieuse et spiritualiste, d'intervertir l'ordre

---

(1) Voy. dans le livre de M. Eugène Nus, intitulé : *Choses de l'autre monde*, l'histoire de Katie King. — Paris, Dentu et Ghio, 1880.

divin et de déplacer le pôle des croyances reçues.

Toutes ces découvertes constituent, au fond, la *science de l'athéisme*, science qui tend à supprimer l'intervention d'un Créateur dominant la nature, d'une providence intelligente et agissante, ayant sa personnalité et conscience d'elle-même. Elles substituent, en un mot, à la *cause première*, à Dieu, une théorie aveugle, une loi fatale de chaleur et de mouvement, à laquelle l'univers entier obéirait de toute éternité, une loi inconsciemment sage et puissante, sans dessein prémédité, sans plan préconçu, loi qui a toute la sécheresse d'une formule mathématique, toute la brutalité d'un fait absolu et qui s'énonce par cet axiome incompréhensible, vide comme la négation même : « Rien ne se crée, rien « ne se perd, tout se transforme. » Rien ne se crée : *ex nihilo nihil!* Voilà qui explique les choses d'une manière bien satisfaisante pour la raison et la conscience humaine! Voilà qui doit suffisamment combler le vide de notre curiosité et apaiser notre soif d'immortalité et d'infini, n'est-il pas vrai ?

D'Holbach, Helvétius et Dupuis n'ont pas mieux pensé. Et nous nous vantons de nos progrès!

Ces doctrines, essentiellement matérialistes — avons-nous dit — se sont particulièrement affirmées dans ces derniers temps en s'appuyant sur le principe de la *génération spontanée*. Elles admettent, toutefois, la progression et la perfectibilité des espèces par le transformisme, c'est-à-dire par une transformation lente et naturelle des individus. Ainsi, les animaux-types se seraient d'abord engendrés d'eux-mêmes. Ils s'organiseraient ensuite en variétés diverses et particulières sous l'influence des milieux, par une simple attraction et combinaison de molécules ou cellules, évoluant dans des conditions *nécessaires,* c'est-à-dire fatales, inévitables, sans germes antérieurs ; en d'autres termes, sans aïeux, sans parents directs.

Les races ou espèces, quelles qu'elles soient, dériveraient donc, par une sélection forcée, par une sorte de promiscuité animale, et en suivant une marche graduelle et ascendante, géologiquement démontrée par l'examen des couches terrestres, d'un modèle primordial dont on reconnaîtrait la trace et les modifications successives à travers le temps et les révolutions du globe. Ainsi, en dernière analyse, l'homme descendrait du singe, qui lui-même descendrait... de qui descendrait-il, et à quel moment la transformation se serait-elle opérée? Ici la science s'arrête, elle hésite, car elle n'a jamais assisté aux couches d'une guenon enfantant un homme, car elle rencontre toujours, surgissant devant elle et se dressant devant ses systèmes, cette simple question d'origine qui se pose au début de toute discussion embryogénique ou génésiaque : *L'œuf vient-il de la poule ou la poule de l'œuf?*

Or, cette question a été péremptoirement résolue par le récit de Moïse.

Toute théorie à perte de vue sur ce sujet ne peut que le compliquer et l'embrouiller sans profit pour la vérité, sans profit pour la foi, sans profit même pour la vraisemblance. Car si nous admettons que le singe ou son embryon, que la poule ou son œuf, n'aient été que la résultante d'une combinaison toute matérielle — monade ou monère — infusoire ou vibrion d'abord — ayant, si l'on veut, son caractère typique mais dû seulement au hasard des forces propulsives et inconscientes de la nature, nous enlevons toute pensée supérieure, tout plan suivi et intentionnel dans l'œuvre de la Création. Nous sommes alors forcés de convenir que, dans cette œuvre admirable, où brille tant d'harmonie et de logique, l'homme aurait été moins bien traité que l'animal, au point de vue de sa dignité morale, puisque, tandis que celui-ci aurait été un ascendant, un type, l'homme, par suite d'une combinaison peu flatteuse pour son amour-propre, serait forcé de saluer un de ses ancêtres dans la personne du chimpanzé, du gorille ou de l'orang-outang! Voilà tout le lustre qu'il gagnerait à cette ridicule origine.

On ne saurait être plus scientifiquement absurde.

Ce système de *génération spontanée* et de *transformisme*, si contraire à celui de la fixité des espèces qui, depuis que le monde est monde, n'a pas cessé d'être le système de la nature et du bon sens, nous semble beaucoup moins raisonnable que la théorie de je ne sais plus quel théologien — gnostique ou manichéen — qui, acceptant la donnée biblique des six jours ou des six époques de la Création, mais admettant dans cette œuvre un dualisme de puissance, plaçait à côté du génie du bien et du beau, le génie du mal et du laid, attribuait à Dieu, par exemple, la formation des animaux et des plantes de nature excellente, et à Satan celle des animaux malfaisants et des plantes vénéneuses.

D'après ce philosophe dont l'orthodoxie paradoxale ne peut qu'être suspecte, même aux incrédules, Satan, ce *singe de Dieu,* comme l'appellent les docteurs catholiques, aurait lui-même créé le singe, contrefaçon grotesque de l'homme, le crapaud antithèse de la grenouille — la pie-grièche, par opposition à la colombe — le chardon à côté de l'artichaut — la ciguë auprès du persil, et ainsi de suite dans tous les ordres de la nature.

A l'encontre de cet utopiste original, nous nous en tiendrons, pour notre part, au texte même de la Genèse que nous accepterons comme doctrine et vérité première, bien que la science moderne se soit chargée de mettre ce grand livre au pied du mur et de lui donner le coup de grâce.

La science nouvelle veut démontrer deux choses

qui nous paraissent deux énormités ; à savoir, que l'homme et les animaux ont commencé par l'état embryonnaire et par l'état sauvage. En ce qui concerne particulièrement l'homme, nous croyons diamétralement le contraire, et nous allons expliquer pourquoi. Ce sera la pierre angulaire de notre travail.

Pour nous, le premier homme a été créé adulte et avec des dispositions innées pour l'état de famille, de société et de civilisation. Comment, s'il était venu au monde enfant, tel que nous le voyons naître aujourd'hui, aurait-il pu subvenir à ses besoins ? Si rudimentaire que vous puissiez supposer la créature à son arrivée, à ses débuts dans la vie, il faut toujours la concevoir à l'état d'enfant, c'est-à-dire ayant un initiateur : Or, encore une fois, que serait devenu, que deviendrait l'enfant seul au milieu de la nature, sans l'assistance d'un être supérieur à lui, sans l'assistance de ses parents ? (1)

(1) « Avant que fut le premier homme, dit Gratry, Dieu
« avait construit ce globe dans la matière première, dans
« un nuage. Il avait refroidi cette lave brûlante, l'avait
« couverte d'eau et mise à la portée du soleil. Il avait tracé
« sur l'Océan, qui couvrait tout, le plan d'un palais et d'un
« jardin, et les avait fait sortir du fond des eaux. La de-
« meure était prête ; elle était magnifiquement ornée, riche-
« ment pourvue de fruits, d'aliments et de serviteurs ani-
« més, quand le maître parut. »

La première créature humaine a donc dû venir au monde à l'état parfait, Dieu ne l'a pas élevée au biberon (1).

Pour nous, la création telle que nous la voyons, celle qui est nôtre, et à laquelle nous appartenons, est une œuvre achevée, une œuvre d'artiste, venue d'un seul jet, formée tout d'une pièce — une œuvre qui depuis son éclosion n'a été soumise à aucun tâtonnement, à aucune retouche, à aucun changement anormal, à aucune reculade. — Nous voulons dire que l'œuvre ne s'est pas plus modifiée dans le fond que dans la forme, dans son régime intellectuel que dans son régime physique. Il y a eu de tout temps des hommes supérieurs et des hommes ordinaires; l'huître s'est toujours attachée au rocher, le lierre aux vieux chênes, et l'hirondelle

(1) « Dieu créa le premier homme à son image et à sa « ressemblance. Il le créa bon, juste, immortel, exempt de « maladies et d'infirmités. Il orna son esprit de toutes les « connaissances nécessaires, tant pour lui-même que pour « l'instruction et la bonne direction de ses descendants, « car « dans l'ordre de la nature, dit saint Thomas, *le par-* « *fait précède l'imparfait*, et les choses ayant été primiti- « vement instituées par Dieu, non-seulement pour exister « elles-mêmes, mais encore pour être les principes des « autres, il a fallu pour remplir ce second objet qu'elles « aient été instituées dans un état parfait. » De là en par- « ticulier l'origine du langage, lequel vient de Dieu et non « de l'homme : « la parole, dit de Bonald, étant nécessaire « pour inventer la parole. » (L'abbé Boyer, de Saintes.)

a toujours bâti son nid de la même façon, en dépit des assertions contraires de certains ornithologistes de fraîche date.

Sans doute la création que nous voyons, que nous connaissons, a pu être précédée d'une ébauche ou création moins parfaite. Les traces géologiques, les débris d'animaux disparus semblent l'indiquer. Mais l'œuvre actuelle est complète. Elle a dit son premier et son dernier mot pour le temps auquel elle appartient, pour la période qu'elle doit parcourir, pour la durée du cycle pendant lequel elle doit vivre et se maintenir.

Si nous n'acceptons pas l'histoire primitive de la création du monde, du déluge, de Noé, telle que nous la donne l'Ecriture, nous tombons forcément dans tous les désordres, dans toutes les fantaisies, dans toutes les erreurs des cerveaux détraqués et malades. Nous admettons toutes les théories possibles, ou plutôt impossibles. Nous pouvons croire avec les positivistes que l'homme arrivera progressivement, sans passer par un nouveau cataclysme géologique, à une constitution plus perfectionnée ; que l'homme pourra, par exemple, se former *artificiellement*, sans la participation de la femme, à l'état d'*androgyne*, et finir par porter un œil au bout d'un appendice caudal, ainsi que l'a sérieusement prédit Fourier — ce penseur célèbre qu'on regrette d'avoir vu énoncer une semblable sottise, non-seulement verbalement, dans ses conférences, mais dans ses écrits. — Dieu merci! rien n'annonce encore chez l'homme une aussi singulière transformation; ce qui nous permet de conclure que l'on marche droit à la folie, ou tout au moins au ridicule, en propageant de pareilles chimères.

Pour ce qui est de l'état sauvage, nous sommes convaincu que cet état n'a été qu'une conséquence de la chute, et dès lors un accident, une circonstance malheureuse dans la destinée de certains membres de la famille humaine, ainsi que l'indiquent les découvertes des débris dits *préhistoriques*, et que nous le démontrerons dans le cours de cette étude.

En attendant, le monde qui parait marcher ne semble pas avancer beaucoup dans le chemin de la sagesse. Jusqu'ici les découvertes anthropologiques n'ont pas contribué dans une bien large proportion à la perfection de notre état social, ni à l'augmentation du bonheur de l'espèce humaine. Ce qui ressort de plus clair, ce qu'il y a de plus certain dans l'explication scientifique de la descendance u source originelle de l'homme telle qu'on voudrait nous la faire accepter, c'est qu'elle n'est pas de nature à lui donner de sa personne une idée bien haute, et qu'elle ne le conduira pas à une plus parfaite moralité, par conséquent, à une plus grande somme de félicité terrestre.

II

Les peuples déchus.

Le moment est donc venu pour nous d'examiner si les découvertes de la science embryogénique et anthropologique, aussi bien que les données de la géologie touchant la *préhistoire*, doctrine qui jouit, à l'heure qu'il est, d'une certaine vogue parmi les savants et les gens du monde, ont virtuellement et définitivement abrogé les vérités adoptées jusqu'ici par la conscience humaine, par la foi religieuse et par la croyance générale fondée sur le récit de Moïse; si, en un mot, ces découvertes, à notre sens fort vagues et fort hypothétiques quant aux conséquences qu'il en faudrait tirer, doivent avoir plus d'autorité que les paroles entendues et répétées par le grand prophète, paroles qui n'étaient pas à coup sûr des paroles humaines : « *Je suis celui qui est,* « *l'Eternel, le Dieu de tes pères!* »

En des matières aussi graves, aussi mystérieuses, et par cela même aussi sujettes à contestation et à controverse, on ne saurait récuser le sens commun; on ne saurait récuser davantage la conscience et la foi. Or, ces divers modes de sentir et de juger s'accordent pour démontrer que la création étant une œuvre d'ensemble, puissante et multiple, celui qui en est l'auteur n'a pas eu plus de peine à créer l'homme que le singe, ni que toutes les autres espèces ou variétés d'êtres et d'objets appartenant aux trois règnes de la nature.

Pourquoi vouloir borner le pouvoir divin à l'invention de quelques moules ou types embryonnaires dont les êtres et variétés d'êtres, qui aujourd'hui abondent partout à l'état arrêté et parfait, ne seraient que des dérivés? N'est-il pas véritablement choquant pour le bon sens de penser que tous les quadrupèdes, par exemple, peuvent provenir du même embryon primitif? A défaut des formes qui diffèrent, les caractères sont assez dissemblables pour repousser, en ce qui les concerne, une souche identique. On peut, à la rigueur, sans trop blesser le sens commun, admettre que le canard puisse descendre de l'oie et l'oie du cygne par l'effet d'une dégénérescence de race. La transformation naturelle, la loi généalogique, si l'on veut, ne recevrait peut-être pas dans cette hypothèse une trop rude atteinte, car les formes, les mœurs, le caractère et les habitudes de ces animaux sont presque les mêmes. Mais en présence de la richesse d'imagination du *grand architecte* de l'univers, comme veulent bien l'appeler les membres du Grand-Orient d'Ecosse, en présence de la fécondité intellectuelle qui a présidé son à œuvre, il n'est pas plus admissible que le canard descende de l'oie et l'oie du cygne que l'homme du singe ou le singe de l'homme.

Dans tous les cas, cette dernière hypothèse serait plus acceptable que la première. Elle n'aurait rien de trop phénoménal. La vérité est que l'oie, le cygne et le canard, le chameau et le dromadaire, le bœuf et le buffle, le chien et le loup, le tigre et le chat, le crapaud et la grenouille, sont autant de races ou d'espèces *sui generis*, ayant entre elles une certaine affinité physique et des traits de ressemblance, comme le singe ressemble à l'homme, voilà tout, mais sans aucun lien de parenté primordiale.

En somme, on ne voit pas pourquoi cette doctrine, qui jusqu'à nos jours avait parue si simple et si vraie, serait répudiée maintenant comme arriérée, démodée et hors de mise — démodée, soit : nous savons que beaucoup d'esprits s'inclinent devant la mode; mais au fond, cette doctrine n'est-elle pas plus plausible et sensée que toutes les chimères avilissantes qui, à défaut de preuves sérieuses, ne tendent qu'à matérialiser l'homme en le rabaissant au niveau de la bête?

N'existe-il pas d'ailleurs entre l'homme et l'animal une ligne de démarcation tellement profonde, une opposition tellement radicale que partout, l'un est le roi, l'autre l'esclave; celui-ci le maître, celui-là le serviteur; le premier s'élevant et se perfectionnant sans cesse, tandis que le second, toujours au même point, n'est susceptible d'aucun progrès, d'aucun avancement quelconque dans les conceptions de son entendement et les œuvres de son industrie qui tend au contraire à déchoir et même à se perdre, témoin celle du castor? L'animal, dans sa destinée restreinte et bornée, ne monte même pas vers l'homme. Il oublie ses leçons et il est incapable de les transmettre à ses descendants; cependant il lui obéit et croit en lui. L'homme, dans sa nature essentiellement progressive et libre, désobéit aux ordres de Dieu, le discute et le nie, mais en même temps il monte et se rapproche de lui! Voilà la différence.

Epuisons sur ce point la discussion.

En ce qui concerne la foi qui n'est pas seulement, comme l'a dit Pascal, « *la dernière démarche de la raison,* » mais encore, d'après saint Paul, « *la substance de ce que nous espérons et la preuve de ce que nous ne voyons pas,* » la foi nous convie, du berceau jusqu'à la tombe, à nous considérer comme issus d'une origine supérieure à celle des bêtes. Elle nous inspire surtout le sentiment d'une destinée plus haute, en développant en nous, dès cette vie, les conceptions d'une autre existence, toute d'ordre intellectuel et moral. La foi n'est donc pas seulement un indice; elle est pour l'homme une démonstration de la supériorité de sa nature. Il croit, et sa croyance fondée sur sa conscience, son intelligence et sa raison, lui suffit pour diriger sa vie terrestre dans une voie de justice, de charité, de grandeur et de majesté, inconnue aux animaux.

Ainsi, la foi, on peut le dire, possède sur l'origine de l'homme, des notions plus sûres que celles de la science.

En effet, la science ne peut avoir pour objet comme pour résultat, que de nous démontrer d'une façon claire, palpable, absolue, l'évidence d'un fait matériel. Il s'en suit que, tant que la science n'aura pas administré d'une manière irréfragable la preuve que l'homme est un *singe perfectionné*, l'homme trouvera dans l'orthodoxie de son histoire sacrée, aussi bien que dans sa conscience et dans ses sentiments, des témoignages de sa noble origine beaucoup plus convaincants que toutes les conjectures contraires. Nous abaisser dans le passé et nous offrir dans l'avenir le néant ou une transformation honteusement grotesque pour toute conquête, pour dernière récompense de notre épreuve terrestre, est-ce là tout ce que peut nous promettre la science? est-ce là tout ce qu'elle voudrait nous faire espérer? mieux vaudrait mille fois pour l'homme la plus profonde ignorance; mieux vaudrait l'éternel *statu quo* qu'un pareil progrès!

Mais la science ignore elle-même si elle marche

dans la nuit ou dans la lumière, dans la vérité ou dans l'erreur. — Nous devons donc, jusqu'à plus ample informé, récuser son savoir et accepter le fait éthique de la création tel qu'il est exposé dans la Bible.

La famille humaine naquit d'une faute, comme la faute naquit elle-même de la liberté, sublime et fatal privilège accordé par Dieu à l'homme. Or, dès Adam, la famille humaine, après le crime de Caïn, s'était une première fois dispersée. Mais la descendance du premier homme avait reçu de Dieu lui-même, soit par inspiration, soit par révélation ou communication directe, avec l'intelligence, les dispositions nécessaires pour atteindre, sinon d'emblée du moins en peu de temps, un état social perfectionné.

Noé fut le représentant de cette partie saine de la famille primitive qui devait survivre au déluge.

Après Noé, ses fils Sem et Japhet, se fiant aux promesses divines, obéirent aux paroles de l'Eternel et respectèrent son alliance, tandis que Cham ayant encouru la malédiction paternelle, dut subir avec sa descendance les conséquences de cette malédiction. (*Genèse*, chap. ixe.) La famille humaine, divisée à la suite de cette seconde chute, comme elle l'avait été après la première, vit donc un de ses rameaux fuir en quelque sorte dans l'inconnu. Les descendants de Cham, séparés du milieu béni, du centre privilégié, perdirent peu à peu leur instinct civilisateur. Véritables enfants abandonnés, ils furent bientôt en proie aux afflictions, aux souffrances, aux rudes épreuves de l'isolement; et tandis que leurs frères élevaient de magnifiques monuments, des temples splendides, de précieux tabernacles, bâtissaient des villes somptueuses et atteignaient en Asie les cimes de la civilisation, les autres, rejetés dans les forêts et les steppes des deux continents du nord, ayant cessé tout rapport avec le cœur de la famille, ayant oublié tout exemple, tout modèle, perdu toute tradition et jusqu'au souvenir de leur première patrie, de constructeurs qu'étaient leurs ancêtres, devinrent fouisseurs. — Tels on voit aujourd'hui ces amphibies d'Amérique, les castors du Canada dont nous avons parlé, chassés de leur terre natale, fuyant devant les tribus envahissantes, oublier leur art de bâtir et se creuser des trous. — Ils vécurent dans des cavernes avec les animaux et comme les animaux. Ils fabriquèrent d'abord avec du silex les instruments de leurs travaux d'agriculture, de chasse et de pêche. De là le nom d'*âge de pierre* donné à l'époque où vécurent ces barbares, ces troglodytes, qui plus tard apprirent des Phéniciens et autres peuples policés avec lesquels ils finirent par entrer en relations, l'usage du bronze et du fer.

Quelques pays de l'extrême nord, entre autres le Danemarck, ont eu, paraît-il, leur âge du pin, du chêne et du hêtre; le premier correspondant à l'âge de la pierre; le second à l'âge du bronze; le troisième à l'âge du fer. Ainsi il y a eu, on le voit, corrélation et analogie dans la manière dont se sont formées toutes les fractions séparées de la société humaine.

Ce sont les débris matériels et industriels de ces époques obscures que l'on retrouve en grand nombre, de nos jours, dans les cavernes et les habitations lacustres du centre de l'Europe. Mais nous sommes d'avis que la dénomination d'*anté-historiques* (1), de *pré-historiques*, appliquée aussi bien aux hommes qu'aux ouvrages de ce temps-là, manque de justesse; car selon nous, leurs squelettes pas plus que leurs ustensiles, leurs armes, leurs engins de labour, de chasse, de guerre ou de pêche, ne sont ni *pré-adamiques*, ni peut-être même *antédiluviens*. Tous ces débris peuvent bien appartenir à une époque antérieure ou postérieure à la reconstitution de la famille humaine, antérieure ou postérieure à Noé et à sa descendance, mais non pas antérieure à Adam.

En fait, l'histoire n'existe que pour les peuples civilisés, mais ceux-ci peuvent avoir eu pour con-

(1) Anté-historique signifie *antérieur à l'histoire écrite*, mais ne veut pas dire *sans histoire, manquant d'histoire.*

temporains des sauvages, des barbares. (1) Tandis que les Egyptiens, les Assyriens, les Babyloniens, les Phéniciens, et généralement tous les peuples sémites, s'avançaient dans les voies d'une civilisation supérieure et se constituaient, chacun de leur côté, de solides archives historiques par leurs monuments grandioses et leurs savants papyrus, les descendants de Cham, maudits comme l'avaient été ceux de Caïn, erraient au fond de la Germanie, de l'Etrurie, de l'Helvétie et de la Gaule. Ils vécurent *juxtaposés*, en quelque sorte, et sans communication avec les peuples voisins dont ils ne soupçonnaient même pas l'existence, jusqu'au jour où les irruptions soudaines de ces voisins vinrent régénérer, pour ainsi dire, les membres déchus de la grande famille, en leur apportant, avec la guerre

(1) « On ignore, dit M. Rimbaud, ancien officier de
« marine, auteur d'un ouvrage qui fait autorité : *Réfutation*
« *du transformisme*, on ignore si la sauvagerie de l'Occident
« n'a pas co-existé avec la civilisation de l'Orient ? On ne
« saura probablement jamais, ajoute-t-il, quel intervalle de
« temps sépare les silex grossièrement travaillés, enfouis
« dans les étages supérieurs du sol continental européen,
« des témoignages de développement intellectuel, retrouvés
« sous les ruines de l'antique Ninive. »
Pour nous la question ne saurait être douteuse : les peuples lacustres, qui sont des peuples *sans histoire* spéciale, mais non pas des peuples *préhistoriques*, ont vécu du temps des Phéniciens et autres asiatiques.

et la conquête, l'usage des métaux, des mœurs, des idées nouvelles, et une existence sociale plus rapprochée de l'état civilisé.

C'est ainsi qu'à l'heure qu'il est, en dehors de la civilisation, qu'ils côtoient sans la partager, et même sans avoir envie de s'y mêler, vivent encore certaines peuplades de la Polynésie et des terres australes, vêtues de peaux de bêtes, parées de plumes d'oiseaux, armées d'outils et d'instruments fabriqués avec des pierres, des bambous ou des os de poissons.

Relativement, les Bas-Bretons du pays de Tréguier ou de Cornouailles ne sont guères plus avancés que les sauvages de la Polynésie, si on les compare aux habitants des quartiers de la Madeleine et des Tuileries. Jusqu'au milieu de nous, en plein dix-neuvième siècle, ne voyons-nous pas les Bohémiens, les Gitanos, parcourir nos provinces du Midi dans un état presque sauvage, étrangers à nos mœurs, à nos habitudes et à nos lois? Enfants perdus et déshérités — famille maudite et misérable — ils se perpétuent et pullulent dans nos faubourgs, non-seulement sans histoire, mais encore sans état civil; couchant à la belle étoile, sans industrie bien définie, par conséquent non patentés; sans ressources, vivant de charités, de rapines, et au besoin anthropophages... On sait que ces gens-là n'enterrent jamais leurs morts:

Qu'en font-ils donc? Horreur! ils les mangent! (1)

(1) Nous citerons à l'appui de cette assertion, qui peut paraître hardie, exagérée ou mensongère et qui n'est qu'exacte, le dialogue suivant surpris entre deux jeunes gitanos se disputant un morceau de chair sous une des portes de la ville de Perpignan, en 1854.

— « Donne-m'en donc, disait le plus jeune à l'aîné :

— « Non, répondait celui-ci, en s'efforçant de mâcher « le morceau : tu ne pourrais pas le manger; il est encore « plus dur que grand'maman! »

Un fait aussi horrible s'est passé, en février 1883, c'est-à-dire tout récemment, à Guingey, près Besançon (Doubs), et ce fait vient démontrer que les mœurs des cannibales n'ont pas été seulement le partage des peuples sauvages, soi-disant *préhistoriques*, mais qu'elles sont communes, même de nos jours, à certains nomades vivant et voyageant parmi nous.

« Des Bohémiens montreurs d'ours allaient de village « en village, exerçant leur industrie de fainéants, lorsque « plusieurs hommes de la bande se prirent de querelle, « réclamant à qui mieux-mieux la paternité d'un des enfants « de la famille, âgé seulement de quelques mois.

« Celui qui prétendait avoir le plus de droits, furieux, « prit cet enfant dans les bras de sa mère et le jeta au feu. « Quand on le jugea suffisamment cuit, il fut retiré, dépecé « et mangé par les autres enfants et par les ours... »

Le même crime fut commis, il y a quelques mois, par d'autres Bohémiens, au lieu dit *le Vernois* (Doubs), et les coupables ont été arrêtés. Mais que penser d'une civilisation au milieu de laquelle on peut voir de pareilles monstruosités ?

III

L'Anthropophagie ou Cannibalisme ne saurait être une preuve d'antiquité préhistorique.

L'anthropophagie, après les faits que nous venons de rapporter, ne serait donc pas un témoignage irrécusable d'antiquité préhistorique, ainsi que l'ont pensé quelques ethnographes. Cette coutume barbare dont on retrouve la trace chez certains contemporains, a pu être commune aux troglodytes de l'âge de pierre et aux habitants lacustres des âges du bronze et du fer, sans qu'on doive en inférer nécessairement que ces ilotes, ces parias, ces peuples nomades ou sédentaires aient vécu antérieurement aux peuples bibliques et primitifs dont nous connaissons l'histoire.

Et ici, à propos du *cannibalisme*, dont on prétend tirer une preuve en faveur du système dit *préhistorique*, nous allons reproduire le passage, pour nous peu concluant, d'un récit de découvertes qui ont eu lieu en Italie il y a quelques années, et qui mérite de fixer l'attention.

« La *Gazetta dell' Emilia*, » dit la correspondance italienne, « donne la description d'une très

« intéressante découverte faite dans les environs de
« la *Spezzia*, par le professeur Capellini, de Bo-
« logne(1). Il s'agit de ces races *qui ont précédé la*
« *race humaine actuelle*, et sur lesquelles, jus-
« qu'à ces dernières années, l'histoire était restée
« muette, d'où leur dénomination d'*anté-historiques:*
« C'est à son retour du *Congrès anté-historique*
« *international* (les mots s'imposent parfois comme
« les épidémies), Congrès qui s'est tenu il y a quel-
« ques années en Danemarck, que M. Capellini a
« eu l'idée de se livrer à ces investigations qui ont
« été couronnées d'un plein succès. »

Comme recherche intéressante, cela est fort bien sans doute; mais comme résultat précis, au point de vue de la question d'antiquité *préhistorique*, nous commençons par déclarer que ce succès ne nous paraît pas avoir une signification décisive.

Poursuivons :

« Dans les derniers jours d'octobre 1869 » — dit le professeur Capellini — « j'ai fait quelques excur-
« sions aux alentours de la *Spezzia*, et j'ai exploré
« plusieurs cavernes pour y chercher les traces de

(1) M. Capellini a été chargé d'organiser le 2ᵉ Congrès archéologique international, qui devait avoir lieu à Bologne en 1881. Nous verrons bien, quelque jour, par le rendu-compte de ce Congrès, si la question de l'homme *préhistorique* est résolue, c'est-à-dire si elle est appuyée sur de meilleures preuves que celles qui ont été fournies jusqu'à ce jour.

« l'*homme anté-historique.* Ayant fait exécuter,
« dans ce but, des fouilles au sein d'une grotte d'un
« accès difficile et dangereux, située dans l'île de
« Palmaria, grotte que j'avais déjà explorée depuis
« 1860, j'ai été assez heureux pour y découvrir des
« silex et d'autres pierres travaillées, caractéri-
« sant la période de l'époque *préhistorique* la plus
« ancienne, c'est-à-dire l'époque de la pierre.

« Indépendamment des pierres travaillées et des
« divers objets fabriqués par les premiers hommes
« qui l'habitèrent, j'ai trouvé dans cette grotte une
« quantité d'ossements d'animaux mêlés à des os-
« sements humains dont l'aspect permettait de con-
« clure que des anthropophages y avaient pris leur
« repas et que les Italiens de l'époque de la pierre
« (des Italiens *pré-adamiques* — arrangez cela !)
« étaient cannibales comme leurs contemporains de
« la France, de la Belgique et du Danemarck.

« Dans une couche de cendres mêlées de charbon
« de bois j'ai trouvé parmi les ossements de divers
« animaux — quelques-uns ont subi l'action du feu,
« d'autres sont entiers, mais la plupart ont été rom-
« pus et brisés pour pouvoir en extraire la moëlle (1);

(1) M. Capellini qui, en 1869, admettait que les os qu'il avait trouvés « avaient été rompus pour en extraire la moëlle » a contesté le même caractère aux os présentés comme tels en 1872, au congrès de Bruxelles, par le baron Ducker et M. Ribeyro. (Voyez le § 1 de la présente étude.)

« d'autres enfin, sont raclés et rongés — j'ai trouvé,
« dis-je, dispersés confusément, des ossements de
« femme et la moitié de la mâchoire d'un enfant
« de 7 à 8 ans. Dans le centre de la grotte exis-
« taient les traces d'un ancien foyer.

« Pour ceux qui sont initiés aux études *préhis-*
« *toriques*, ajoute M. Capellini, et surtout pour
« ceux qui connaissent les beaux travaux de Spring,
« sur la caverne de Chauveaux, en Belgique, et les
« études non moins remarquables de Garrignon,
« Martin, Lartet, Edwart, Roujon, sur les cavernes
« de France, je n'ai pas besoin de démontrer com-
« ment les objets découverts dans l'île de Palmaria
« prouvent l'anthropophagie en Italie à l'époque de
« la pierre. »

C'est-à-dire que, pour ceux qui croient à toutes les doctrines mises en avant par la science athée, par les disciples du *polygéniste* Darwin ou du *monogéniste* Hœckel, le fait de l'anthropophagie en Italie, à l'époque de la pierre, peut avoir son attrait de particularité, de curiosité; mais pour nous la question principale n'est nullement tranchée par ce fait. L'anthropophagie ne saurait, à nos yeux, déterminer l'ancienneté réelle de débris qui ont pu appartenir aussi bien à des Latins du temps de Romulus, qu'à des Italiens *anté-historiques* — pour nous servir du mot consacré.

Voici, au surplus, la même découverte racontée

par une autre correspondance d'Italie, mais dont la conclusion implique une contradiction formelle avec celle du professeur Capellini, quant à l'époque géologique qu'il faudrait assigner aux objets découverts.

« Une lettre qui nous parvient du midi de la Pé-
« ninsule, dit ce nouveau correspondant, annonce
« qu'à la suite de fouilles opérées dans une grotte
« d'un accès difficile et périlleux, située au milieu
« de l'île de Palmaria, on a trouvé, outre des cail-
« loux et autres pièces travaillées qui caractérisent
« *une des périodes les plus anciennes de l'époque*
« *historique,* une quantité d'os de divers animaux
« mêlés à des ossements humains. Le tout, étudié
« par des savants, a prouvé que là vécurent des an-
« thropophages et que les Italiens de l'âge de pierre
« étaient cannibales.

« Au reste — ajoute avec raison le même corres-
« pondant — les peuples barbares ont été plus ou
« moins anthropophages. Les indigènes de Sumatra
« et des îles de la Sonde mangent les condamnés à
« mort, les meurtriers, les adultères, les prison-
« niers de guerre ; il n'y a rien de bien étonnant à
« ce que les hommes de l'âge de pierre aient été
« anthropophages comme nos sauvages actuels. »

Nous apprécions fort la valeur de cette dernière remarque. Mais voici surtout où gît la contradiction que nous tenons à faire ressortir.

Le premier correspondant italien attribue, avec M. Capellini, les vestiges trouvés dans l'île de Palmaria à une époque *anté-historique*. Le second correspondant, au contraire, dit que ces objets caractérisent *une des plus anciennes périodes de l'époque historique*. Cette contradiction indique que parmi ceux-là mêmes qui s'occupent le plus du soin d'éclaircir la question des origines, il existe, au moins dans l'interprétation des mots, un malentendu flagrant qu'il convient de faire cesser.

Quant à la découverte en elle-même, elle est intéressante sans doute — nous le reconnaissons volontiers — en ce qu'elle semble établir le cannibalisme des anciens habitants de l'île de Palmaria. Mais doit-on en inférer avec M. le professeur Capellini qu'il s'agit réellement ici, comme il l'annonce, « *d'hommes ayant précédé la race humaine actuelle ?* » (1). Ce serait, à notre sens, faire remonter bien loin des débris qui ne portent en

---

(1) Il est donc certain que, contrairement à l'opinion de la plupart des géologues et ethnographes qui, suivant M. Baux, un critique érudit de Marseille, « n'auraient « d'autre ambition que de démontrer pour l'homme une « ancienneté sur le globe beaucoup plus considérable qu'on « ne l'avait cru jusqu'ici, » il est donc certain, disons-nous, que pour M. Capellini, race *anté-historique* signifie race antérieure à celle d'Adam.

M. Capellini serait-il de la secte *pré-adamique* qu'on croyait éteinte de nos jours ?

aucune façon écrits sur leur surface les caractères certains d'une origine *pré-adamique,* voire même *anté-diluvienne.*

Les considérations invoquées par un autre géologue, M. le professeur Arthur Issel, touchant les conditions de la Ligurie et de ses habitants à la même époque, ne nous paraissent pas plus fondées, quant à l'application qui devrait leur être faite de la dénomination de race *anté-historique.*

IV

Les peuples les plus anciens du monde sont des peuples historiques.

Les plus anciens peuples de la terre, aujourd'hui connus ou inconnus, ont leur histoire, la *Genèse*, et sont par conséquent des peuples *historiques*. Les rameaux qui proviennent de ces peuples ne doivent pas être appelés *préhistoriques*, puisque aucune race humaine n'a précédé sur le globe la race d'Adam, à laquelle ils appartiennent et dont Moïse a écrit l'histoire.

Les troglodytes, les lacustres, les cyclopéens eux-mêmes, ressuscités par Petit-Radel qui a reconstitué leurs habitations et leurs monuments titanesques dans ses savants écrits, n'étaient pas plus anciennement sur la terre que les Egyptiens, les Assyriens, les Babyloniens, les Phéniciens, les Perses et les Indo-Chinois. Ils ont dû vivre à la même époque. Evidemment, ce fut de ces nations civilisées que les aïeux des *Usipètes* et des *Tuctères*, peuples aussi barbares que leurs ancêtres, ont acquis l'usage, sinon la fabrication, du bronze et du fer, car l'amalgame qui compose le bronze, de même que l'art de fabriquer le fer, annoncent un perfectionnement d'industrie inhérent à la nature d'un peuple déjà avancé. Nous dirons même qu'ils sont, à nos yeux, le signe d'une antiquité plus haute, parce qu'ils comportent une science ou expérience que l'on doit supposer antérieure de date.

Cette doctrine, qui tient à notre croyance aux dispositions prime-sautières de l'homme pour la civilisation au lieu de l'état sauvage, ne peut manquer de surprendre ceux qui ont conçu pour le système *préhistorique*, une passion plutôt aveugle que réfléchie. Mais nous persistons avec d'autant plus d'énergie dans notre opinion, qu'un fait relativement récent est encore venu nous y raffermir.

N'a-t-on pas trouvé, il y a quelques années, en Egypte, au sein même des ruines monumentales de cette antique contrée, et agglomérés comme dans nos dépôts lacustres, des silex taillés en forme de hachettes, de pointes de lances ou lames de couteaux, absolument identiques à ceux d'Europe? Ces silex, qui paraissent appartenir à ce que l'on a désigné en France sous le nom d'*atelier de la période néolitique*, ont été soumis à l'examen de l'Académie des sciences par M. François Lenormant et ses compagnons de voyage, à qui l'on en doit la découverte.

Ne préjugeons pas le classement que l'Institut fera de ces silex.

Mais prétendrait-on, par hasard, que ces objets qui, selon toute apparence, ont appartenu à des fellahs orientaux, vivant côte à côte de la civilisation égyptienne sans s'y mêler, (de même que les écuelles de bois ou de terre cuite appartenant à nos paysans normands sont contemporaines des aiguières et des surtouts de bronze et d'or des Denière et des Thomire); prétendrait-on que ces silex fabriqués sont d'une origine plus ancienne que les joyaux du *Serapeum* (1), par exemple, joyaux que portait la reine Aah-Hotep, mère du roi égyptien Ahmès, environ 500 ans (2) avant Moïse, 3,500 ans (2) avant Jésus-Christ, et dont la perfection égale, si elle ne

(1) Le célèbre égyptologue Mariette Bey, mort tout récemment, celui-là même qui découvrit le *Serapeum*, était le continuateur des travaux de Champollion-le-Jeune et de son élève et successeur Nestor L'Hôte, notre frère aîné. Mettant à profit les indications de son devancier qu'il avait connu à Boulogne-sur-Mer, sa ville natale, qu'habitaient nos parents, Mariette Bey, grâce aux largesses des gouvernements français et égyptien, put faire exécuter des fouilles qui eurent pour résultat les magnifiques trouvailles dont nous avons donné la nomenclature dans notre livre intitulé : *Les Leçons du Portique*. Plus heureux que ses prédécesseurs, M. Mariette a pu jouir, durant de longues années, du fruit de ses riches et intéressantes découvertes. M. Mariette est mort Pacha, conservateur des musées égyptiens du Louvre et du Caire, commandeur de la Légion d'honneur et membre de l'Institut.

(2) D'après les chronologies nouvelles.

surpasse, celle des bijoux qui sortent des mains des Bapst, des Odiot, des Jeannisset, nos joailliers les plus célèbres? Nous ne le pensons pas (1).

(1) Nous ne pensons pas davantage que l'ancienneté de ces silex puisse rivaliser avec celle des trente-six sarcophages de rois et de reines de la dix-septième dynastie, récemment découverts aux Farouns d'Égypte, par M. Maspero, successeur de Mariette. Nous cédons volontiers, à cette occasion, au désir de tenir au courant nos lecteurs de cette intéressante et toute nouvelle découverte, racontée à un de ses amis par un témoin oculaire :

« J'ai rarement ressenti, dit-il, une émotion plus vive
« que celle que j'ai éprouvée en me trouvant, il y a quelques
« jours, en présence des restes de Rhamsès II et de Sels I.
« Les momies sont admirablement conservées ; celle de
« Touthmès I est adorable d'expression et de fraîcheur ; les
« guirlandes de fleurs qui la couvrent sont encore intactes.
« Il y a une malheureuse reine qui doit être morte en cou-
« ches, à en juger par un petit bambin qu'elle a à ses côtés.
« On a trouvé trois mille sept cents figurines funéraires
« en terre bleue émaillée, mais d'un travail très gros-
« sier. Pas de bijoux comme dans le *Serapeum*, mais en
« revanche des provisions, telles que gigots de gazelle, oies
« et divers fruits. Les paniers dans lesquels ces provisions
« sont contenues sont d'un travail très intéressant et très
« bien conservés. Je ne vous parle pas des perruques qui
« sentent mauvais, ni des coffrets, canaps, vases à liba-
« tions, etc. Mais je vous signale une magnifique tenture
« en cuir rouge, vert et jaune, ainsi qu'un petit tabouret
« en cuivre et ivoire de Rhamsès IX, qui sera un véritable
« petit bijou lorsqu'on en aura rassemblé les pièces.

« Croiriez-vous que, lorsque le bateau a quitté Thèbes,

Pour nous, ces silex dont le sol est jonché, paraît-il, à deux pas des magnificences de Thèbes et de Louqsor, au milieu des richesses architecturales de la Haute-Égypte, nous font l'effet d'outils ou de jouets fabriqués par des enfants ou des crétins, dont on pourrait trouver un jour les débris parmi les ruines de nos cités. Ils indiquent qu'à côté des hautes classes égyptiennes s'était établie une famille inférieure — fellahs ou ilotes — ayant son travail à elle, sa manière de vivre particulière, conservant ses mœurs, ses usages, ses habitudes primitives, son industrie grossière, coudoyant, en un mot, sans y participer et sans la comprendre, la civilisation avancée des grands de ce temps-là. Et si nous admettions que ces pierres taillées fussent, non pas *pré-adamiques*, mais seulement d'origine *anté* ou *post-diluvienne*, elles n'en constitueraient pas moins, pour nous, l'industrie d'une race maudite et dégénérée, le travail des enfants de Caïn ou de Cham, c'est-à-dire d'une race devenue ignorante, inhabile, réfractaire au progrès, impropre aux arts

« emportant toutes ces dépouilles royales, les femmes des
« fellahs, sur les deux berges du Nil, ont suivi le bateau
« en poussant des cris, comme s'il s'agissait d'un enterre-
« ment, jusqu'à Siout.

« Les perruques dont j'ai parlé plus haut étaient des or-
« nements que se mettaient sur la tête, il y a 4,000 ans,
« les vivants et les morts d'Egypte. Louis XIV ne faisait
« donc que *posticher* Rhamsès.

et aux inventions de la civilisation, race ou plutôt portion de race humaine, maintenue par la chute et par le crime de son ancêtre dans une condition infime et misérable (1).

On a donc établi, et l'on continue, selon nous, d'établir une confusion regrettable, de commettre une erreur capitale, en considérant comme *époques préhistoriques*, c'est-à-dire comme *époques antérieures à l'histoire du monde racontée par la Genèse*, les âges dits de *pierre*, de *bronze* et de *fer*, dont l'ancienneté n'a été reconnue que depuis une quarantaine d'années environ, à la suite des découvertes faites dans les cavernes et au fond des lacs de l'Europe.

Les hommes primitifs qui ont vécu sur la terre à l'état barbare n'ont pas eu d'histoire particulière parce que, semblables à nos sauvages actuels ou aux parias des civilisations modernes, ils ont mené un genre de vie qui ne leur a pas permis d'en consigner par écrit les annales, ou d'en laisser d'autres traces que les instruments, armes et outils de matières et de formes grossières dont ils se servaient

(1) M. de Chabas, un homme qui fait autorité dans la science dite *préhistorique*, avoue aujourd'hui qu'il est au moins imprudent de soutenir que l'homme primitif a nécessairement été sauvage. M. de Chabas croit, comme nous, aux causes particulières qui ont placé certains membres de la race humaine dans cette situation anormale.

communément. Mais — et nous ne saurions nous lasser de le faire remarquer — il n'est nullement prouvé que ces dérivés, que ces débris de la famille humaine primitive, que ces tronçons égarés aient vécu avant les *époques historiques,* c'est-à-dire avant Adam.

L'usage du fer et du bronze, notamment, indique chez ces îlotes — nous l'avons déjà dit — un certain degré d'avancement industriel qu'ils n'ont pu acquérir qu'en communiquant avec les nations civilisées du continent. Pourquoi, dès lors, nommer *préhistoriques* les hommes et les choses de ces époques? Cette appellation n'est pas juste. Elle fausse la question. Elle obscurcit la situation anthropogénique qu'il s'agit d'asseoir et de définir.

Comment d'ailleurs ne pas se sentir quelque penchant au doute en présence de ces âges prétendus *anté-historiques,* alors que les savants, que les géologues, que les spécialistes sont si peu d'accord entre eux sur la base même de leurs systèmes?

L'âge géologique des silex et ossements extraits des terrains tertiaires qu'on nous a présentés jusqu'ici comme étant des haches, des couteaux, des pointes de lances, n'est pas douteux; il est très ancien — nous le voulons bien — mais ne conviendrait-il pas, avant tout, de prouver que ces silex, que ces ossements d'animaux ont été réellement taillés de mains d'hommes? Beaucoup de géologues, trouvant leurs brisures trop peu accentuées pour les réputer intentionnelles, se refusent encore à le croire (1).

Les silex recueillis particulièrement à Saint-Prest, à Billy (Loir-et-Cher), à Thenay, ont donné lieu à des observations qui sont de nature à imposer une grande réserve dans les jugements portés sur le travail dont ces silex auraient été l'objet. On a constaté, en effet, que des silex exposés à certaines influences atmosphériques, éclatent en lames tranchantes qui pourraient bien ressembler à ce qu'on prend pour des silex grossièrement taillés (2).

---

(1) Au Congrès de Bruxelles de 1867, certains géologues, MM. Hébert et Delfortrie entre autres, avaient déjà contesté que les côtes d'un cétacé *(Halilerium)* que l'abbé Delaunay croyait incisées par la main de l'homme eussent en réalité subi ce travail. Ils ont constaté que ces incisions avaient été faites par les dents d'un grand squale, le *Carcharodon megaladon*, qui avait dû ronger ces os alors qu'ils étaient frais.

D'un autre côté, M. l'abbé Martin, confrère de M. Delaunay, n'a-t-il pas assuré qu'on a trouvé sur des silex des figures bizarres, des pieds, des bras, « des cœurs avec leurs « artères, des profils humains qui sont incontestablement « de simples jeux de la nature ? Les cailloux roulés par des « eaux torrentueuses prennent aussi des formes sembla- « bles. » (*Bulletin de la Société archéologique de Bourg*, août 1880, page 119.)

(2) Tyndal a écrit : « Je suis redevable au docteur Hoo- « ker de quelques échantillons de pierres recueillies sur les

Pendant leur voyage au Sahara, MM. Desor et Escher de la Linth ont remarqué, dans le désert de *Mourad* ou des *Zibans*, un grand nombre de silex anguleux et tranchants, et d'autres dont les fragments à peine disjoints étaient encore en présence de leur contre-partie. M. Escher — dit la *Revue des Cours scientifiques* qui a raconté ces détails — établit que « ces silex se divisaient sous l'influence
« du soleil dont la chaleur produisait une cristalli-
« sation de sel qui, s'infiltrant dans les fissures
« capillaires de la pierre, suffisait pour la faire écla-
« ter. »

Ce fait important est confirmé par l'observation

« côtes de la baie de Lyell dans la Nouvelle-Zélande. Si
« vous n'en connaissiez pas l'origine, vous en attribueriez
« certainement la forme au travail de l'homme. Elles res-
« semblent à s'y méprendre aux couteaux de silex et à des
« têtes de lances ciselées en facettes par un outil qu'aurait
« dirigé une intelligence humaine. Cependant, nul instru-
« ment de l'homme n'a été appelé à agir sur ces pierres.
« Elles ont reçu leurs formes actuelles des sables agités
« par les vents de la baie de Lyell, dans les eaux de laquelle
« ces pierres ont été roulées. »

M. l'abbé Martin nous rappelle, de son côté, que M. Moigno, dans son beau livre (*Splendeurs de la foi*) n'hésite pas à déclarer que, « dans les collections de pierres
« travaillées données au Muséum par MM. Boucher de
« Perthes et Lartet, il y en a beaucoup de fausses. »

Enfin M. de Mortillet lui-même avoue que « la falsifi-
« cation et la fraude ont *troublé* la question des silex. »

de M. Fraas qui, voyageant en Egypte, a vu un matin peu après le lever du soleil, un éclat de silex presque arrondi se détacher avec bruit d'une masse de même nature. « Déjà auparavant, dit-il, j'ai vu « cent fois à terre dans le désert, et plus tard au « bord du Nil, des silex éclatés en formes lisses et « arrondies, et je me suis convaincu de mes yeux « et de mes oreilles, que l'action du soleil en était « la seule cause. »

Ce sont peut-être bien des éclats de même espèce qui auront été pris pour des ouvrages taillés de main d'homme par M. François Lenormant et ses compagnons, dans leur excursion en Egypte.

M. Fraas cite encore deux observations, l'une du célèbre voyageur Livingstone qui a entendu éclater des pierres à l'est de Nyassa, et l'autre du docteur Wertztein qui a entendu, à l'est de Damas, des basaltes éclater sous l'influence de la fraîcheur du matin (1).

---

(1) Ce ne serait donc pas sans raison qu'on aurait attribué le son matinal rendu autrefois par les colosses de Memnon, en Egypte, à l'action exercée par le soleil sur la pierre ou basalte dont sont composées ces statues. Cette pierre résonnait aux premiers rayons de l'astre qui la chauffait brusquement après la fraîcheur de la nuit, et elle eût probablement éclaté sans l'épaisseur colossale de sa masse qui, aujourd'hui raffermie et solidifiée encore par le temps, est devenue tout à fait insensible aux influences extérieures.

Les témoignages d'hommes aussi distingués et aussi dignes de foi que les savants naturalistes et géologues que nous venons de nommer, donnent assurément une grande valeur à leurs remarques. Reste à savoir cependant jusqu'à quel point des éclats naturels de silex peuvent ressembler à des éclats regardés comme intentionnels ?

Quoi qu'il en soit, ne voulant pas poussér plus loin nos réserves ou plutôt nos doutes, nous ne faisons pas difficulté d'admettre l'âge de la *pierre taillée de main d'homme*. Seulement, nous croyons que cet âge, quelque ancien qu'on le suppose, fut contemporain des *époques historiques connues*, ainsi que nous l'avons avancé plus haut et que nous continuerons de le démontrer dans les pages qui vont suivre.

Cette dissertation critique était, dans tous les cas, nécessaire pour bien affirmer notre opinion touchant le caractère des découvertes faites dans ces derniers temps au fond des cavernes et des lacs de l'Europe, découvertes qui ont mis au jour des débris d'hommes et d'objets improprement nommés *préhistoriques*.

V

Les Troglodytes. — Les Lacustres.

Les habitations lacustres dites *Pfahllbauten*, nom allemand — donné par Keller aux constructions sur pilotis — en italien *Palafitta*, ne représentent donc pas pour nous les vestiges d'une race d'hommes tellement ancienne ou d'origine telle, qu'il soit admissible qu'elle ait précédé sur la terre la race humaine actuelle. Ces vestiges, qui remontent peut-être aux premières migrations des fils de Noé et qui appartiennent tout au plus aux descendants directs de Cham, ne détruisent en aucune façon la donnée biblique. Ils fortifient et corroborent au contraire, à nos yeux, la thèse historique de la *Genèse*, en nous montrant comme une conséquence de la déchéance originelle ou comme un châtiment de fautes antérieures, l'état de barbarie dans lequel tombèrent certains membres de la famille humaine, après cette terrible malédiction de Noé qui fut, pour le fils qui l'avait encourue et pour ses descendants, comme une seconde et véritable chute.

Ces enfants maudits, séparés ainsi que nous l'avons déjà fait remarquer, du milieu privilégié, de la partie saine de la race, ne tardèrent pas à tomber dans l'état sauvage à la suite de leur migration vers les latitudes septentrionales, tandis qu'à la même heure, réchauffé par le sentiment et l'union de la famille centrale, le génie de leurs frères s'épanouissait en Orient dans les splendeurs de l'art et de la civilisation.

Ainsi, ces barbares ne furent pas une race étrangère à la nôtre, une race qu'on puisse, à proprement parler, nommer *préhistorique*, mais un rameau dévoyé, mais les descendants déshérités de ce grand peuple primitif, de ce *peuple de Dieu*, dont l'histoire est parfaitement connue, car elle a été écrite en style impérissable, aussi bien sur les tables mosaïques que sur des monuments de granit, de porphyre et d'airain, par des hommes dont les connaissances avancées dans les sciences, dans l'art et l'industrie, attestent la haute intelligence en même temps que l'antique et sublime origine.

A ce point de vue, les appréciations des docteurs modernes nous paraissent, en s'éloignant du texte sacré, devenir absolument conjecturales. D'un autre côté, le manque de concordance qui ressort des témoignages invoqués pour établir que les trois âges de la pierre, du bronze et du fer ont existé avant l'histoire, c'est-à-dire avant les faits racontés par la *Genèse*, avant les peuples pasteurs, avant les civilisations primitives de l'Asie, avant celles des hauts et bas empires grec et latin — ce manque de concordance, que nous ferons encore ressortir tout à l'heure, témoigne hautement en faveur de la doctrine que nous soutenons.

Les trois âges en question, qu'on dirait avoir été inventés par des fabulistes contemporains pour faire pendant aux trois âges d'or, d'airain et de fer, conçus par la mythologie païenne — ces trois âges sont représentés dans les cavernes et les constructions lacustres du continent européen par des objets en silex, en bronze et en fer — vases, instruments ou outils de travail, fragments d'armes, bijoux et ornements — de composition et de formes généralement peu variées, bien que parfois assez remarquables.

Nous en analyserons l'espèce en donnant leur nomenclature.

AGE DE LA PIERRE

La découverte de ces objets tirés particulièrement du lit des lacs de la Suisse ne remonte guère — nous l'avons dit — au-delà de quarante ans. Depuis longtemps les riverains savaient qu'il existait, au fond de ces lacs, des pieux d'une hauteur variant de 30 à 60 centimètres, n'atteignant jamais la surface de l'eau, et par cela même très redoutés des pêcheurs de Neufchâtel dont ils lacéraient les filets. On se demandait bien qui pouvait avoir eu la singulière idée de planter des pieux à une pareille profondeur? mais comme personne n'était à même d'en expliquer l'origine, on se bornait à conclure que ce travail devait être très ancien. Plus d'une fois aussi quelque pêcheur avait retiré de la vase des bois de cerfs travaillés, des débris d'instruments et d'ustensiles étranges, dont la provenance était inconnue, mais depuis 1840-1845, jusque vers les années 1850 à 1853, tout cela était resté une lettre morte.

Un homme de science, un observateur curieux et attentif, M. Ferdinand Keller, témoin à cette époque des différents travaux qui s'exécutaient sur le lac de Zurich, ayant examiné les fragments de poterie, armes, ustensiles, pieux, rapportés du fond de ce limon noir du lac, remarque que ces objets ne sont pas disséminés au hasard, qu'ils sont limités à une couche particulière d'une épaisseur de deux pieds à laquelle il donne le nom de couche archéologique « *cultur Schicht* »; que ces objets sont concentrés autour des pieux où on les trouve en grande quantité, tandis qu'ils diminuent et disparaissent à mesure qu'on s'en éloigne. Notre observateur en infère qu'il existe une liaison, un rapport entre ces pieux et les objets dont ils ont servi à conserver ou à indiquer le dépôt au milieu des cités lacustres. « M. Ferdinand Keller, dit l'historio-
« graphe suisse qui raconte ces détails, avait dès ce
« moment allumé le flambeau d'une nouvelle his-

« toire de la race humaine, l'histoire des *peuples*
« *castors* et de leurs habitations aquatiques. Il a
« suffi à ce savant antiquaire, ajoute son admira-
« teur, de quelques silex taillés, mêlés à quelques
« débris de poterie enfouis sous les graviers du lac
« de Zurich, pour nous révéler une période ignorée
« de l'humanité... »

Jusqu'ici cela est fort bien : mais le narrateur y
joint de sa propre autorité, ces mots : « *par delà les
limites de l'histoire.* »

Quelle histoire, demanderons-nous ? l'histoire
spéciale de ces peuples, sans doute ? mais non pas
l'histoire générale du monde, l'histoire générale de
l'homme ; car s'il en était autrement, s'il s'agissait
d'hommes que l'on voulût considérer comme « *antérieurs à la race humaine actuelle,* » nous ne
pourrions que repousser une pareille conclusion.
Nous la repousserions parce que, à notre sens, si
cette conclusion était admise, il faudrait tenir en
quelque sorte comme non avenus les grands faits
que la *Genèse* a pris soin de nous révéler — c'est-
à-dire l'histoire de la création, l'histoire de la déchéance humaine — l'histoire de la double chute de
l'homme et de la double dispersion de la famille
primitive, avant comme après le déluge — tandis
que l'existence des troglodytes et des lacustres en
devient, au contraire, à nos yeux, une nouvelle et
irrécusable confirmation.

A cette occasion, et à propos des membres égarés de la famille primitive, nous sommes sans doute en droit de contester l'exactitude de certains détails donnés par quelques écrivains modernes touchant les différentes manières de se vêtir attribuées à ces peuples déchus — sujet qu'ils n'ont peut-être pas suffisamment étudié ni approfondi — mais qui, traité par eux d'un pinceau facile et coloré, a surpris la curiosité des lecteurs superficiels et obtenu, parmi eux, un succès de vogue. Ainsi par exemple, dans un de ses récents écrits, l'auteur des *hommes primitifs* de la Gaule, M. Louis Figuier, qui passe pourtant pour consciencieux, dépeint les hommes dont il parle comme s'il les avait vus. Il nous les représente, dans les gravures de son livre, vêtus, sous le rude climat du septentrion, d'une simple peau de bête qui leur ceint seulement le tour des reins. Ce costume de haute fantaisie ne peut être qu'imaginaire; si les Gaulois primitifs ont fait usage des pelleteries, ils ont dû s'en couvrir le corps tout entier. On comprend parfaitement que nos premiers parents, sous le ciel de l'Asie et le doux climat arménien, se soient, avant la faute, passés de vêtement. Mais bien certainement les descendants du couple adamique, refoulés depuis la chute sous les latitudes boréales et devenus Germains, Scandinaves, Helvétiens, Gaulois ou Celtes, ne pouvaient plus se contenter, pour leurs habits, d'une *demi-mesure*. Il y a là quelque chose d'anormal et d'inconséquent qui choque le bon sens, une supposition tout à fait illogique, quelque chose aussi de naïf qui provoque le sourire.

AGE DU BRONZE

Si l'on soutient que l'homme a commencé par l'état sauvage, nous demanderons alors, avec Lucrèce, comment il se fait que l'âge du bronze ait précédé l'âge du fer ? La composition du bronze indiquant une civilisation plus avancée, il semblerait que l'usage du fer, qui se trouve à l'état natif dans certaines contrées de la terre, à l'île d'Elbe, par exemple, eût dû précéder l'usage du bronze. La préséance ou l'antériorité du bronze est cependant proclamée par tous les archéologues de ce temps-ci. Est-ce un courant d'idées reçues qu'il faut suivre, comme tant d'autres qui ne sont ni plus sensées ni plus rationnelles? Est-ce une erreur générale à rectifier? Nous laissons à de plus autorisés le soin d'examiner ce côté de la question ; mais nous pensons que la remarque subsiste assez entière pour appeler sur ce point l'attention des hommes compétents.

Ce qui nous a amené à poser cette question incidente, c'est que généralement les objets en bronze, ustensiles, armes, bracelets, fibules, agrafes, trouvés dans les lacs, accusent des formes plus savantes, une ornementation plus riche, un goût finalement plus épuré que les mêmes objets en fer ; d'où semblerait résulter une prééminence artistique et industrielle dans l'état social des hommes qui ont fabriqué le bronze, et par conséquent une priorité historique, un signe d'antiquité plus haute qui répondrait plus particulièrement à notre opinion fondamentale touchant l'antériorité de l'homme civilisé.

Cependant le fer et le bronze paraissent devoir occuper le même rang, c'est-à-dire avoir une même date historique.

Homère nous dit (*Odyssée*, I, 184) que Pseudomentes faisait à la fois le commerce du fer et de l'airain. Mais à une époque antérieure le fer était déjà mentionné (Voy. : *Deutéronome*, ch. XXVII, ℣ 5 et 11 ; — *les Juges*, I, ℣ 19 ; — *Exode*, ch. XX, ℣ 21.) Enfin, d'après la tradition mosaïque, l'usage du fer remonterait au delà du déluge, puisque Tubal-Caïn, fils de Lamech, qui vivait vers l'an 4.000 de l'ère du monde avant Jésus-Christ, se servit du marteau pour fabriquer toutes sortes d'objets en fer. (*Genèse*, ch. IV, ℣ 22.)

Au fond, si l'on s'en rapporte à ce même passage de la *Genèse*, le fer et le bronze furent simultanément employés à la même époque. Ils remonteraient ainsi tous deux à une date historiquement très ancienne. Il y aurait donc pour le fer et le bronze identité d'âge, égalité d'origine. On n'aperçoit pas, dès lors, la cause de l'antériorité accordée au bronze, sur le fer dans la chronologie anthropologique. Ce ne peut pas être parce qu'on a trouvé en Suisse, aussi bien qu'en France, en Allemagne et dans quelques cavernes du nord de l'Europe, associés à des armes en fer, des objets en bronze d'un travail exquis, bien supérieur à ce que nous offrent les lacustres spéciaux de l'âge du bronze; car, encore une fois, il faudrait alors ne pas hésiter à admettre avec nous que l'état de civilisation a précédé l'état sauvage, c'est-à-dire que les peuples primitifs les plus anciens ont été les plus avancés en intelligence et en industrie.

Quelle que soit, au surplus, sur ce point la croyance qui l'emporte, en donnant, pour ce qui nous concerne, la préférence à l'opinion qui nous paraît la plus rationnelle, comme elle est la plus orthodoxe, nous reproduirons ici la nomenclature de quelques objets d'art ou d'industrie attribués à chacun des trois âges dits *préhistoriques*, suivant l'ordre des découvertes faites depuis 1859, notamment, dans les habitations lacustres des lacs de la Suisse.

La plupart de ces objets se recommandent, chacun dans leur genre, par une certaine préoccupation de la forme, par un souci du détail qui annoncent, chez ces barbares, un instinct naturel très prononcé pour la recherche du fini, une tendance au perfectionnement, un élan vers le mieux — caractère essentiel de l'artiste et de l'ouvrier bien doué qui commence et qui vise à raffiner, à parfaire son ouvrage.

Pour l'âge de la pierre, ce sont, par exemple — des pointes de lances en silex simples, d'autres avec garniture de soie, poinçons, ciseaux et épingles en os, scies en silex, fixées dans un manche de corne au moyen d'un mastic d'asphalte — marteaux en pierre dure, roche amphibolique taillée et usée avec le plus grand soin et n'ayant jamais servi — vases en terre de petite dimension, d'une pâte commune, d'une forme simple et à fond plat, sans anses ni ornements — meules en pierre à broyer le grain — haches en serpentine avec emmanchures en bois de cerf — tranchets en néphrite orientale.

A propos de ce dernier article, les ethnographes ne sont pas d'accord sur l'origine des néphrites trouvées dans les stations lacustres des lacs de Neufchâtel et de Zurich. M. de Fellenberg — un spécialiste distingué — se demande si elles ne sont pas d'origine alpine comme les haches en serpentine qui les accompagnent, puisqu'on trouve, dans le Valais et le pays des Grisons, les mêmes massifs de schistes serpentineux auxquels adhèrent les véritables néphrites de la Nouvelle-Zélande ?

3.

Toutefois, M. de Fellenberg incline à penser que, « jusqu'à preuve du contraire, l'hypothèse de l'ori-« gine orientale de la néphrite des lacustres est la « plus juste et la plus raisonnable. »

Mais alors il faut attribuer à ces peuplades lacustres des relations commerciales avec l'Inde, la Perse, l'Arabie et même avec la Chine et la Nouvelle-Zélande. Or, comment admettre de prétendus rapports avec ces nations asiatiques, qui se seraient bornées à leur livrer un seul genre de produit? Et si, en effet, ces rapports ont eu lieu, pourquoi donner le nom de *préhistoriques* à ces habitants lacustres, puisqu'ils auraient commercé avec des nations *historiques*, puisqu'ils auraient vécu en même temps qu'elles? A ce titre, toutes les peuplades sauvages qui vivent, à l'heure qu'il est, dans les régions ignorées du globe sont des *préhistoriques*.

Comme on le voit, on tourne ici dans un cercle de suppositions et d'hypothèses dont il sera difficile de sortir, tant que l'on s'obstinera à attribuer aux troglodytes, aux lacustres et autres habitants des cavernes, une origine antérieure à celle de l'humanité actuelle, origine en opposition avec l'histoire telle que la tradition religieuse nous l'a transmise.

L'âge du bronze, quelle que soit d'ailleurs la date de son classement dans l'ordre chronologique et archéologique, ne se distingue pas seulement par la pureté des matières employées dans la confection des ustensiles et des bijoux découverts. On est surtout frappé de l'élégance des formes et des belles proportions qu'affectent particulièrement les vases ou récipients fabriqués, non pas au tour, mais à la main, comme ceux de l'âge précédent.

La même perfection relative se remarque dans les ustensiles de ménage, tels que haches — couteaux à dos renflé ou non renflé, avec un manche composé d'un métal plus rouge et plus tendre que celui de la lame. — Les faucilles, les hameçons, épingles à cheveux et bracelets, témoignent d'un goût véritablement cultivé. Les armes, entre autres, les poignards, les lances, les flèches et épées, sont à rainures avec agrément très habilement travaillés. Les bracelets et les pendants d'oreilles sont formés de fil de métal, tordus artistement, dans le genre des montures qui enchâssent les émaux de Bourg, reliés entre eux, et ornés de tissus aussi nets, aussi finis que s'ils sortaient de l'atelier d'un fabricant moderne. Nos bijoutiers ne les renieraient pas. C'est l'histoire des bijoux égyptiens de la reine Hotep dont nous avons parlé, bijoux qui, malgré leur haute antiquité, attestent un goût et un art aussi épurés que de nos jours.

La plupart de ces bijoux, particulièrement les articles de toilette, sont remarquablement délicats et petits, comme s'ils avaient été faits pour des enfants : d'où il faut conclure que la taille des hommes, ou tout au moins celle des femmes de l'âge du bronze lacustre, était au dessous de notre moyenne.

Ce peuple accuse, évidemment, des habitudes beaucoup plus policées que celles de l'époque précédente. Entre l'âge de la pierre et l'âge de bronze, il y a progrès de civilisation, il y a avancement manifeste. Certainement, si ces lacustres n'ont pas été eux-mêmes fabricants, ils ont trafiqué avec des peuples navigateurs qui sont venus les trouver chez eux — Phéniciens, Phocéens ou Etrusques — mais qui ne connaissaient pas l'usage du fer ou n'en faisaient peut-être pas le commerce avec ceux à qui ne convenait pas ce métal, car on ne trouve pas d'objets en fer dans les lacustres dits de bronze. D'un autre côté, le passage de l'âge de la pierre à l'âge du bronze paraît s'être effectué sans choc, sans bouleversement, ni secousse violente. Il aurait été, semble-t-il, le résultat d'un progrès lent et graduel, tel qu'on le voit s'opérer dans les sociétés paisibles, bien organisées, et dont aucune circonstance politique ne vient entraver inopinément les évolutions.

Telle ne paraît pas avoir été la transition de l'âge du bronze à l'âge du fer.

AGE DU FER

Pour comprendre comment s'est opérée la succession de l'âge du fer à l'âge du bronze, il n'y a guère qu'une hypothèse à admettre ; c'est que la nation inférieure du fer s'est substituée brusquement par une invasion de conquérants aux peuples lacustres du bronze, en envahissant les contrées qu'ils habitaient.

A l'âge du fer, en effet, semble appartenir une nation exclusivement guerrière. Les armes deviennent beaucoup plus nombreuses dans les *Palafites*. Les épées sont généralement à deux tranchants, renfermées dans un fourreau en fer battu ; les lames sont damassées, à rubans, comme nos canons de fusil tordus ; les javelots, les faulx, les faucilles, les haches et les socs de charrue, ainsi que les fibules, boucles et anneaux, ont un caractère mérovingien qui n'annonce pas une origine *préhistorique*, quoi qu'elle soit certainement fort ancienne, mais seulement des habitudes moins efféminées, d'une trempe plus mâle que celle de l'âge du bronze. Les monnaies qui accompagnent ces objets portent d'ailleurs le type gaulois, et cela seul prouve que nous sommes ici bien éloignés des « *sources antérieures à l'his-« toire.* »

Il est donc tout simplement probable que les Helvétiens, qui n'étaient qu'une branche des Gaulois, sont venus remplacer les peuples primitifs de la Suisse.

Le cachet celtique des objets de l'âge du fer, et même la grandeur des ossements, particulièrement des fémurs et la conformation des crânes trouvés dans les lacustres de cette époque, indiquent des hommes dont la taille atteignait 1 mètre 90 centimètres. Ils étaient par conséquent d'une stature supérieure à notre moyenne et présentaient une différence marquée avec ceux de l'âge du bronze.

Cette nation, germanique ou celtique et conquérante, si elle s'est imposée à sa voisine par une irruption soudaine et violente, comme nous sommes porté à le croire, pourrait donc, en réalité, avoir eu la même origine primitive que celle-ci, c'est-à-dire, être aussi ancienne.

Ainsi, la nation du bronze, plus délicate, plus avancée en civilisation que celle du fer, soit parce qu'elle avait conservé intact l'instinct privilégié de la famille mère, soit par l'effet de son contact avec les Phéniciens, les Tyrréniens, Pélasges, Carthaginois, Etrusques et autres peuples orientaux, aurait été subjuguée par une invasion de barbares et supplantée sur son propre territoire par les Germains, les Volsques ou les Celtes, comme les Egyptiens le furent par les soldats de Cambyse, les Romains par les hordes d'Attila et d'Alaric.

En résumé, et pour conclure sur cette question

de l'origine des troglodytes et des lacustres, dits *peuples préhistoriques*, aussi bien que sur celle des *hommes tertiaires* ou *pré-adamiques*, nous pensons que tous ces spécimens de la race humaine ont eu une source identique ; qu'ils ont été contemporains des peuples *historiques* les plus anciens, et qu'ils représentent un rameau aujourd'hui disparu de la descendance de Cham, de même que les Basques sont un débris encore vivant de la famille sémitique pure, un dernier vestige de la migration en Europe des peuples de l'Asie.

En raison de ce qui précède et pour terminer par une rectification qu'il nous paraît rationnel d'introduire dans les termes employés par la science anthropologique et géologique, en ce qui touche la question des origines, nous proposerions :

1° Que la dénomination de *préhistorique* ou *antéhistorique fût absolument évincée* du glossaire officiel, comme ne répondant nullement à la réalité des faits tels que les a présentés Moïse ;

2° Que cette dénomination de *préhistorique* fût remplacée par celle de *préadamique* pour les hommes et les objets supposés avoir existé avant Adam ;

3° Que la dénomination d'*adamique* ou *antédiluvienne* fût admise pour la période écoulée depuis Adam jusqu'au déluge ;

4° Que la désignation de *noétique* fût appliquée à l'époque postérieure au déluge ;

5° Enfin, qu'en ce qui concerne les dérivés ou rameaux humains, le mot de *famille* ou de *nation* fût substitué au mot *race* qui ne doit se dire que de l'espèce entière.

De cette façon, les études palingénésiques se trouveraient toujours en concordance avec l'histoire orthodoxe et vraie de l'humanité, avec la *Genèse* qui, jusqu'ici, en définitive, n'a été contredite par aucun des faits acquis réellement à la science, et qui semble devoir demeurer à jamais, pour l'homme de foi comme pour le savant, le premier des pandectes, le *Summum scriptum*, le livre des livres (1).

(1) Voir, à l'Appendice, la note A.

LA RACE HUMAINE[1]

I

L'unité de l'espèce et l'unité de la source d'où elle est sortie : tel est le grand principe qui domine l'histoire primitive de l'humanité. Cette vérité fondamentale et dogmatique, proclamée par le premier et le plus saint des livres, la *Genèse*, a été constatée par des observations aussi délicates que variées, faites par une multitude de voyageurs, de savants, d'observateurs intelligents et sans parti-pris, qui ont recueilli sur tous les points du globe une somme suffisante de remarques et d'appréciations, au contrôle desquelles ont été soumis les récits, théories, traditions, légendes et préjugés répandus dans le monde touchant cette importante question. Aussi sa conclusion définitive, préparée par de patientes investigations, par des examens comparatifs et des réfutations successives, s'est-elle avancée de déductions en déductions à travers les écueils orgueilleux des systèmes, et déblayant le terrain longtemps encombré de contradiction et d'erreurs, a-t-elle fermement assis la croyance des hommes

[1] Cette étude formera le 1er chapitre de notre livre intitulé : *Nationalité française au XIXe siècle*, en ce moment en préparation.

éclairés, et fortifié en quelque sorte le texte sacré d'autorités compétentes et d'arguments péremptoires.

Voilà la doctrine spiritualiste dans son essence.

Deux opinions parallèles forment le fond de la doctrine contraire. Elles se rattachent particulièrement toutes deux à la philosophie matérialiste. Suivant la première — l'homme ne serait, en ultième analyse, qu'un singe perfectionné dont on peut suivre les transformations et les progrès d'intelligence dans toutes leurs phases, depuis la monère ou monade, depuis le vibrion le plus rudimentaire jusqu'à notre espèce.

La seconde opinion — qui se rattache à la même doctrine philosophique que la première — présente, sans toutefois remonter jusqu'à l'embryon cellulaires, les différentes races humaines comme *autochthones*, c'est-à-dire comme étant nées chacune sur différents points de la terre, dans des conditions propres à leur origine et au mode particulier de leur existence. L'état sauvage serait, dans cette hypothèse, le véritable berceau de l'humanité, et son état actuel nous offrirait des hommes améliorés ou des sauvages pervertis, selon qu'on veuille se placer pour juger la question au point de vue rationnel ou au point de vue paradoxal.

Mais cette diversité et cette prétendue inégalité des races, qu'ont invoquée les matérialistes comme le plus puissant argument de leur cause, s'explique d'une manière aussi satisfaisante pour la raison que pour la dignité de l'homme et l'authenticité de son histoire, sans avoir besoin de recourir à la multiplicité des créations autochthones, ainsi que nous le demontrerons tout à l'heure.

D'après l'Ecriture, la création de l'homme fut une, instantanée, et la postérité d'Adam a seule fourni successivement aux diverses contrées du globe des habitants qui avaient tous reçu, dès l'origine, des dispositions formelles pour un état social avancé. Seulement, certains accidents, certains troubles ou désordres sont survenus dans la marche de l'humanité, qui, de dégradations en dégradations, et sur divers points habités, ont abaissé la première créature de Dieu jusqu'à l'état sauvage le plus abject.

Ainsi, le fait dominant dans l'histoire primitive du monde, la vérité absolue, l'article de foi supérieur — parce qu'il est à lui seul la morale supérieure — c'est la priorité de l'état de civilisation ; c'est tout au moins la priorité, l'antériorité d'une société régulière sur l'état de barbarie, sur l'état sauvage.

L'homme plus près de Dieu au moment de sa création, puisqu'il conversait directement avec lui, l'homme avait reçu en apparaissant sur la terre, en prenant, pour ainsi dire, possession de son domaine, toutes les qualités d'intelligence, de volonté et d'aptitude qui distinguent une créature d'élite, tous les attributs du rang qui lui était assigné dans la hiérarchie des êtres animés. Il les perdit, soit par la corruption de sa nature, soit par suite de circonstances, d'événements particuliers ou de cataclysmes physiques qui rompirent pour lui le fil de la tradition sociale.

S'il y eut pour l'homme solution de continuité dans le cours de l'existence heureuse que Dieu lui avait faite, et dans laquelle il dut entrer de plain-pied comme le poussin qui sort de l'œuf entre de plain-pied dans le champ qui le nourrit, ce fut par sa propre faute sans doute, puisque, libre dans son choix, sa désobéissance, en produisant le mal et ses désordres, entraîna d'abord le crime, la fuite de Caïn, la dispersion de la famille humaine, et plus tard la punition à laquelle échappa seule la famille de Noé.

« *Je mettrai mon arc* (l'arc-en-ciel) *dans les nues et il sera le signe de mon alliance avec toi,* » avait dit Jéhovah en répandant de nouveau ses bénédictions sur le juste et les siens, au sortir de l'arche.

La paix était donc faite. Après le déluge, Dieu avait voulu oublier la perversité de la première famille humaine.

Mais le poison issu de la faute avait persisté au

fond de sa nature. L'homme retomba dans le mal. Il redevint impie et méchant. Sa destruction était de nouveau imminente et elle se fut accomplie certainement sans l'intervention du Christ, de Jésus *(nom qui en hébreu signifie Sauveur)*, dans l'œuvre de la Rédemption, c'est-à-dire de la régénération de notre espèce.

Tel est le dernier mot de la doctrine spiritualiste à laquelle s'est ralliée la race privilégiée, la race latine.

Cette doctrine est d'accord avec les données les plus sûres de l'histoire du monde. Elle est confirmée par l'étude de l'histoire naturelle et de la géologie. Elle a entraîné la conviction même des peuples qui suivent une autre religion que la religion catholique.

Nous avons dit que la création de l'homme fut instantanée et une : Sans doute, on ne peut expliquer ce phénomène autrement que par un acte surnaturel, émané à l'heure voulue de la volonté d'une puissance créatrice, maîtresse de l'univers. Mais admettre la création de quinze à vingt races d'hommes sur autant de points différents du globe, ce serait admettre quinze à vingt miracles au lieu d'un seul. Or, une pareille accumulation de miracles était inutile, en présence de la faculté qu'ont reçu les êtres de se reproduire. Cette hypothèse est donc beaucoup moins acceptable que la donnée génésiaque.

D'un autre côté, dans l'état de faiblesse, de passivité, d'impossibilité physique et intellectuelle où nous voyons l'enfant qui arrive à la vie, comment comprendre que notre premier père soit venu sur la terre autrement qu'à l'état d'homme fait ? Evidemment, Adam a dû naître adulte, ainsi que le dit la Bible : c'est-à-dire possédant primordialement l'usage de la parole, une langue-mère, l'entendement, la raison et la force, malgré son apparente faiblesse, pouvant de suite user des choses et en jouir, asservir les éléments, dompter et soumettre les animaux, conquérir, en un mot, la nature pour lui et autour de lui. Le premier homme apparut sûrement dans un état de virilité et d'intelligence assez avancé pour pourvoir tout d'abord, avec des membres grêles, une peau sensible, fine et délicate, des dents courtes, une chair molle, à sa subsistance, à ses besoins et aux exigences de son association directe avec les êtres et avec les objets créés, mis par Dieu à sa disposition, à la discrétion de la créature — son chef-d'œuvre ici-bas.

Ainsi, plus on examine cette question — dont la solution doit servir de base et de point de départ à toutes les constitutions humaines, à tous les modes de gouvernement à venir, à toutes les sociétés civilisées et croyantes — plus on demeure convaincu qu'elle a été rationnellement et définitivement résolue par le récit de Moïse.

Il n'y a eu et il n'a pu y avoir originairement qu'une seule race d'hommes, la race *adamique* — dont Noé devint, après le déluge, l'*arbre de transmission*(1). — Ni les diversités de langage, de taille, de couleur; ni les apparentes contradictions tirées de la dissemblance physique, ne sauraient prévaloir contre cette doctrine, que confirment d'ailleurs d'une manière irréfragable la similitude des plus anciennes traditions des peuples, la filiation et la généalogie des langues, l'identité dans l'organisation et l'égalité dans les aptitudes.

En effet, les peuples les plus anciens de la terre — Hébreux — Chaldéens — Egyptiens — Phéniciens — Ethiopiens — Assyriens — Indous — Persans — Scythes — Thibétains — Chinois — Mexicains — présentent dans l'un et l'autre hémisphère des traditions primitives identiques. Les traditions de l'Asie se retrouvent d'une manière incontestable dans les théogonies et les cosmogonies des Aztèques d'Amérique. Elles sont même reconnaissables jusque dans les souvenirs de quelques peuplades sauvages.

Dans l'histoire générale des religions et des peuples, on retrouve le déluge de Noé, la disper-

---

(1) C'est cette thèse — la seule raisonnable — que nous avons déjà soutenue dans notre étude précédente. Elle nous paraît assez essentielle, comme principe, pour qu'il soit opportun d'y revenir souvent.

sion de la famille humaine et de ses rameaux primitifs, la confusion des langues, l'année solaire, un zodiaque, les castes, les prêtres, les temples, les hiéroglyphes ou signes symboliques et phonogétiques ou phoniques, c'est-à-dire se rapportant à la voix, à la parole — les arts, le style lapidaire, l'écriture cursive et hiératique. Ces idées d'une histoire commune offrent partout une ressemblance frappante, et — on est bien forcé de le reconnaître — ce ne peut être là que l'effet de traditions transmises de la souche à toutes les ramifications de la race, non la conséquence d'un mensonge inné, d'une erreur universelle.

D'un autre côté — pour en revenir à la diversité et à la prétendue inégalité des races dont nous avons parlé en commençant — disons que la consanguinité de la race blanche et de la race nègre est un fait aujourd'hui prouvé par la science, d'une façon indubitable. Il n'y a plus là d'objection possible. Les belles découvertes de P. Flourens sur l'agent de coloration de la peau sont venues effacer, chez les personnes instruites, les dernières traces du préjugé barbare qui avait cours et qui, pour les partisans de la diversité des tribus humaines de couleur différente, semblait être un inébranlable argument.

On sait parfaitement aujourd'hui que le *pigmentum*, c'est-à-dire le troisième des quatre tissus qui, dans la peau de l'homme, forme l'intermédiaire entre le derme et l'épiderme, regardé d'abord comme un organe spécial aux noirs, a été retrouvé sous la peau des blancs, grâce aux délicates opérations de l'anatomie. Ce *pigmentum* est commun à toute l'espèce humaine, et son action colorante se développe de génération en génération sous l'influence du climat, de manière à faire passer alternativement les nuances de la peau du noir au blanc, du blanc au noir ou au bistre, suivant les lieux, les circonstances, l'action du soleil surtout, et la durée des influences extérieures.

Cette magnifique constatation, obtenue par une exquise analyse due aux pratiques de la chirurgie moderne, lève tous les doutes. Elle éclaire d'une suprême lumière le texte même du *Pentateuque,* et pose comme vérité d'essence divine, comme principe incontestable, l'identité de l'origine et de l'organisation constitutive des blancs et des noirs.

Les barrières mises entre les hommes pour les diviser et les exploiter en les parquant en castes, les unes marquées du signe de l'intelligence, les autres frappées au coin de la stupidité, stigmatisées par un lainage crépu et un front déprimé; toutes ces catégories inventées par des frères orgueilleux, par les Caïns de la race, disparaissent devant l'examen approfondi des faits.

Les caractères, pas plus que l'origine, ne sont

déterminés chez l'homme d'une manière absolue par le plus ou moins de projection de l'angle facial. Il n'est pas un canton en Europe qui n'offre la physionomie du nègre chez le blanc le plus prononcé, et l'on peut rencontrer des profils grecs même parmi les Kalmouks.

La décadence ou l'oblitération du type humain primitif a été le résultat d'une multitude de causes, d'accidents, de circonstances qui, par une longue succession de mélanges de sang, de luttes, de migrations, de fatigues et de souffrances, ont produit une sorte de difformité ou d'anomalie, des contractions plus ou moins prononcées, plus ou moins disgracieuses dans les traits généraux de la figure humaine : voilà tout.

Les passions, les tourments de la vie, l'énervement des forces, le poids des années, les émotions de toutes sortes, produisent dans notre état social actuel des effets analogues, pour ne pas dire identiques : c'est une remarque que chacun de nous peut faire tous les jours.

Il en est de la déchéance intellectuelle comme de la déchéance physique. Elle n'existe pas à un degré plus absolu chez le nègre que chez le blanc : les Pétion, les Boyer, les Hallé, les Toussaint-Louverture, les Dumas, confirment par de brillantes exceptions la réalité de la règle qui établit, chez les noirs et les mulâtres, l'existence d'une parité de conformation cérébrale et de facultés dont le développement dépend tout simplement de l'instruction, de l'éducation reçues, et du milieu dans lequel la personnalité du sujet, de l'individu, a été appelée à se faire jour.

Après plusieurs générations successives d'hommes ordinaires, ne voit-on pas surgir dans une descendance un homme supérieur, un homme de génie ? Souvent ce dernier donne le jour à un fils médiocre, à un crétin, à un idiot. Quelquefois aussi c'est le contraire qui arrive — mais le cas est plus rare.

Quant aux générations humaines considérées dans l'ensemble, c'est-à-dire dans leur situation sociale et politique, on sait que la culture de l'esprit, la civilisation, un système gouvernemental plus ou moins avancé, l'usage de l'intelligence et de la liberté, modifient les peuples longtemps abâtardis par l'abandon, l'oubli, l'esclavage ou la tyrannie, sitôt que le progrès s'en empare, sitôt qu'une instruction sage leur prodigue ses bienfaits, et qu'ils sont soumis à un régime moral et intellectuel plus normal.

Les observateurs, naturalistes et savants, qui se sont livrés à l'étude de la race humaine ont été, d'un autre côté, amenés à conclure, d'accord en cela avec l'étymologie même du nom *Adam* — qui signifie *roux* dans toutes les langues sémitiques —

que la couleur des cheveux de l'homme primitif était fauve, c'est-à-dire tirant entre le jaune et le rouge, et sa peau de teinte olivâtre.

Parmi les juifs, population qui s'est peu mêlée aux autres depuis son origine, on remarque beaucoup de chevelures rousses. Jésus-Christ lui-même était roux (1).

Dans l'antiquité, au moyen-age, et jusque chez la plupart des artistes de la Renaissance, la chevelure rousse était en honneur. Les peintres l'ont généralement considérée à toutes les époques comme un type particulier de beauté.

On a encore remarqué que, chez les animaux, le retour à la vie sauvage ramenait le pelage fauve, nuance commune à tous leurs congénères pris à l'état de nature.

Ces observations indiquent qu'il exista dans l'ensemble de l'œuvre créatrice, dans l'idée divine, un type harmonieux et primordial dont les animaux se sont écartés comme l'homme par une dégénérescence graduelle.

Il n'y a pas à s'en étonner; les animaux faisant partie du même plan primitif et ayant été créés en

(1) C'est cette chevelure « couleur de feu » que *Cyrano de Bergerac* appelait dans son langage poétique et original : « un lumineux dégorgement de l'essence du plus beau des « êtres visibles — une image éclatante du soleil — une « intelligente réflexion du feu radical de la nature. »

même temps que l'homme et en vue de l'homme, ainsi que le prouve sa domination et le parti qu'il en tire, les animaux eux-mêmes ont dû être entraînés dans sa destinée et dans sa chute.

Ce raisonnement, qui est celui des théologiens, est absolument rationnel et conforme à la tradition mosaïque; mais il n'est point goûté et n'a aucun cours parmi les *libres-penseurs*, c'est-à-dire parmi les penseurs de *parti-pris* qui n'admettent ni un Dieu personnel, ni une histoire écrite sous son inspiration.

Pour les croyants comme pour les véritables savants, il n'en est pas ainsi. Quant à l'ancienneté de la famille post-diluvienne ou noétique — il est prouvé aujourd'hui, par la chronologie orientale fixée par les travaux des Champollion-le-Jeune, des Lepsius, des Rossellini, des Vilkinson, des Nestor L'Hôte, des de Rougé, des Mariette, que l'histoire est d'accord avec l'Ecriture, d'accord également avec la science géologique, quand elle assigne une date d'environ 6.000 ans au monde actuel — à partir du déluge — c'est-à-dire depuis le dernier dessèchement des continents. Or, si l'on admet avec Cuvier — qui l'a parfaitement expliqué et démontré dans son *Discours sur les révolutions du globe* — si l'on admet, disons-nous, que « *l'établissement de* « *nos sociétés humaines ne peut pas être très* « *ancien,* » il faut en conclure que le perfectionnement de ces sociétés a été « *très rapide*, » puisque, dans leur origine qui ne remonterait guère au delà de 6.000 ans, les plus anciennes agglomérations d'hommes, les plus anciens établissements sociaux — dont on retrouve de nos jours les traces et les preuves historiques ou *pré-historiques* (pour nous servir de la fausse dénomination dont nous croyons avoir fait justice) — ces établissements sociaux affectent d'une manière irrécusable, d'après l'inspection des débris de leur industrie et de leurs monuments, un état déjà avancé de civilisation.

On estime, suivant les calculs les plus exacts et les plus précis de la statistique, que 1.000 ans ont pu suffire, après le déluge, au développement générateur de l'humanité.

En effet, trois générations par siècle et quatre enfants par générations donneraient, vers le IXe siècle, c'est-à-dire à la vingt-cinquième génération (en neuf cents ans), un chiffre d'environ 300.000.000 d'individus — moyenne de la population actuelle du globe.

On peut donc admettre qu'il n'a pas fallu beaucoup plus de 1.000 ans pour que l'homme ait pu occuper les trois grands continents qui se touchent et qu'on nomme avec toute raison *l'ancien monde*.

D'un autre côté, les admirables découvertes récemment faites en Egypte par le regretté Mariette-Bey ont mis sous nos yeux les preuves authentiques d'une civilisation, égale à la nôtre sinon supérieure, remontant à 500 ans environ avant Moïse qui vécut lui-même 3.000 ans avant Jésus-Christ, d'après les chronologies établies par les égyptologues modernes. Si l'on y ajoute le temps qui s'est écoulé depuis la naissance du Christ jusqu'à nos jours, on voit que nous ne sommes pas bien éloigné du compte, et que nous pouvons hardiment revendiquer pour notre espèce un état social civilisé dès son origine, puisque les objets de luxe, bijoux et ornements de pierres précieuses et d'or, trouvés dans les tombeaux égyptiens de cette date *(500 ans avant Moïse)*, accusent un travail et des formes que ne surpasseraient pas les joailliers et les artistes de nos jours.

L'état sauvage chez l'homme — il est important d'insister sur ce point — ne serait donc, d'après les données les plus sûres de l'observation, et l'énoncé des textes les plus anciens et les plus dignes de foi, corroborés encore par les découvertes récentes des œuvres pharaoniques, l'état sauvage ne serait qu'un accident dans la vie de l'humanité.

Les individus appartenant à cette catégorie exceptionnelle ne seraient autres que certains membres ou descendants de la grande famille, séparés par une cause quelconque — morale ou physique — (soit fuite volontaire après crime, trahison ou révolte, soit révolution géologique, déluge, cataclysme naturel, événement de mer ou désordre volcanique), séparés — disons-nous — du point central où ils avaient reçu la vie, et a ce elle, les dispositions natives pour un état social déterminé.

On comprend qu'ainsi violemment arrachés du milieu favorable, nécessaire même au développement de leurs facultés, ces hommes durent perdre promptement ce don supérieur — le sentiment de leur destinée terrestre — et qu'ils ne tardèrent pas à tomber dans l'état barbare dès que, livrés à euxmêmes, il leur fallut vivre loin du centre commun, étrangers à l'agglomération principale, à la famille, à la forme et à la règle sociales, seules capables de maintenir l'homme dans la voie de l'amélioration, dans la voie du progrès. Car, sitôt que l'homme ne progresse plus, il est en décadence; il s'amoindrit; il se démonétise, il perd chaque jour de sa valeur physique et morale et finit par s'annihiler complètement : c'est le but social où tendent aujourd'hui les partisans de la doctrine politique du *nihilisme ;* le mot l'emporte : *nihil* — rien !

Voilà où peuvent conduire l'oubli, la haine de Dieu et de l'humanité.

Ainsi la chose est bien prouvée : l'homme réduit à l'isolement n'arrive à rien. « On a rencontré dans
« les déserts du Nouveau-Monde des Européens
« dont les pères avaient échappé à un naufrage, et
« qui, dès la première génération, avaient oublié
« leur langue, les récits du foyer, les arts de la pa-

« trie, et jusqu'au souvenir de la famille : abrutis,
« éteints, absolument dégénérés, ils connaissaient
« à peine l'usage du feu. »

Il n'est pas d'argument plus décisif que ce fait, en faveur du principe que nous aimons à proclamer — le principe de l'unité sociale dont la nationalité de chaque peuple est elle-même l'image, comme elle en est le lien, le trait d'union le plus fort; — et s'il était besoin d'un apophthegme frappant pour affirmer ce principe vital des sociétés humaines, nous le formulerions en ces termes : « *L'homme* « *civilisé peut devenir sauvage* — (Hélas! nous « nous en apercevons tous les jours) — *mais, dans* « *ces conditions, le sauvage ne se civilise jamais.* »

L'ENFER

PROUVÉ

PAR LA SCIENCE & PAR L'HISTOIRE

L'ENFER [1]

PROUVÉ PAR LA SCIENCE ET PAR L'HISTOIRE.

Les rationalistes modernes, ces fils dociles des Arius, des Locke, des D'Holbach, des Dupuis, des Cabanis, ont tenté depuis longtemps de reléguer l'Enfer au rang des mythes, des créations imaginaires, des contes inventés par les nourrices, les curés et les maitres d'école, pour effrayer les enfants et les rendre bien sages. Il faut que la démonstration patente de l'âme immortelle et libre, par conséquent éternellement graciable ou punissable selon ses mérites ou ses fautes; il faut que cette vérité vienne s'imposer brusquement et se vulgariser tout à coup parmi certaines catégories de penseurs, précédemment sceptiques et incrédules ; il faut surtout que l'irruption de la malice et de la méchanceté humaines s'accomplisse et s'accentue sous nos yeux d'une manière formelle et permanente, pour que les plus fortes têtes, même parmi les savants et les hommes d'Etat, n'accueille plus

[1] Ce travail a paru pour la première fois avec ce titre : *Régions infernales* — dans la *Revue catholique de Bordeaux*, sous les auspices et avec l'approbation de Mgr de la Bouillerie.

Depuis, la *Revue de Bourg* et l'*Artiste* l'ont reproduit sous son titre actuel. E. L.

avec un ironique sourire l'existence de l'Enfer, qui se pose plus que jamais pressante et terrible devant nous.

Et d'abord, pas plus que nous ne l'avons fait jusqu'ici, nous ne voulons agiter cette question auprès des gens de foi et d'orthodoxie, qui n'ont besoin ni de nos sermons ni de nos démonstrations. Nous nous adresserons — comme toujours — aux spinosistes et aux matérialistes contemporains, c'est-à-dire à ceux dont les yeux ont besoin d'être largement désillés, à ceux « *que l'on entend rire*, dit Arnobe, *toutes les fois qu'on leur parle de la géhenne.* » Donc, à cette question : « Y a-t-il un Enfer ? » question qui leur paraît aussi oiseuse que ridicule, les politiciens athées, les francs-maçons, les hommes-forts et autres mécréants, répondent avec aplomb et sans sourciller : Non, l'Enfer n'existe pas !

Eh bien, nous allons leur démontrer, non pas en nous appuyant seulement sur le savoir et l'autorité de l'Eglise et des livres saints — qui n'ont pas l'avantage de jouir de leur confiance — mais procès-verbaux scientifiques, mais tradition et histoire à la main, nous allons leur prouver que rien n'est plus évident, plus réel, plus palpable que l'Enfer.

Qu'on nous permette, avant tout, de faire remarquer que c'est faire singulièrement litière de l'expérience, des croyances et de la raison de tous les grands peuples qui nous ont précédés sur la terre, depuis les temps primitifs et l'antiquité jusques et y compris l'ère chrétienne, que de leur refuser sur les choses de l'autre vie — qu'ils les aient connues par induction, par étude, par inspiration ou par révélation — une ombre de bon sens et de lumière, lorsqu'il a été admis, aussi bien dans les opinions vulgaires de leur temps que dans les affirmations doctrinales, dans les prédications et les livres de leurs penseurs, de leurs théologiens, de leurs hiérophantes, de leurs docteurs, de leurs prophètes, qu'il existait après la mort, pour les méchants, pour les criminels irrepentis, un lieu de supplice et de punition; en même temps que, pour les bons, un lieu de délices et de récompense — c'est-à-dire un Ténare-Adès ou Plutonia et un Amenti ou Champs-Élysées — appellations qui ont tour à tour représenté la même idée de souffrances pour les réprouvés, de joies éternelles pour les justes; appellations qui ont trouvé une signification correspondante et identique dans toutes les philosophies, dans toutes les théogonies et religions du monde, depuis les Egyptiens, les Israélites, les Phéniciens, les Assyriens(1), les Grecs, les Romains, les Indiens, les Chinois, jusqu'aux Mexicains, aux Hottentots et aux Lapons.

(1) Voir, à l'Appendice, la note B.

Mais la grande difficulté pour les rationalistes, et même pour les spirites — qui sont peut-être sous certains côtés plus proches parents de ceux-ci qu'ils ne le pensent eux-mêmes — la grande difficulté c'est de savoir où placer l'Enfer ? (1).

« L'existence de l'âme et son individualité, son
« identité d'outre-tombe une fois admises, disent-
« ils, cette âme va quelque part ; que devient-elle et
« où va-t-elle ?

« Selon la croyance commune, elle va au Ciel ou
« en Enfer ; mais où sont le Ciel et l'Enfer ? On
« disait autrefois que le Ciel était en haut et l'Enfer
« en bas ; mais qu'est-ce que le haut et le bas de
« l'univers, depuis que l'on connaît la forme sphé-
« rique de la terre, le mouvement des astres qui fait
« que ce qui est le haut à un moment donné, de-
« vient douze heures plus tard le bas, l'infini de
« l'espace, dans lequel l'œil plonge à des distances
« incommensurables ? Il est vrai que par lieux-bas
« on entend aussi la profondeur, l'intérieur de la

---

(1) M. l'abbé Melchior Dupont, doyen d'Aubenton, avec qui il nous arrivait souvent d'aborder les grandes questions de philosophie et de métaphysique, nous disait, à propos de l'Enfer : « Nous n'avons pas besoin, nous autres « prêtres, de savoir au juste où est situé l'Enfer. Il nous « suffit de croire et d'admettre — sur ce point — ce que « nous enseigne la religion et l'Eglise. Mais je comprends « parfaitement que vous cherchiez à appuyer cette croyance « d'arguments en quelque sorte palpables, auprès des incré-

« terre ; mais que sont devenues ces profon-
« deurs depuis qu'elles ont été fouillées par la
« géologie ? »

Eh bien ! ô savants perforeurs de la croûte terrestre qui ne connaissez guère jusqu'ici que l'épaisseur de la peau de l'orange ! ô théologiens de la nouvelle école ! c'est là que nous vous attendons, car c'est précisément dans les profondeurs de la terre et sous la pioche des mineurs qui l'ont creusée plus avant que les géologues, que la géhenne va dérouler sous vos yeux ses sombres arcanes, ses mystères terrifiants, sa raison d'être et sa réalité.

Pour commencer, qu'est-ce, par exemple, sinon de véritables portes de l'Enfer, que les volcans, que ces cratères ignés ou éteints dont il est impossible à l'homme de sonder jusqu'au fond les abîmes ? Qu'est-ce que ces ouvertures fatidiques des menhirs du pays de Cornouailles, autour desquels on trouve encore, de nos jours, des ossements énormes ayant évidemment appartenu à une race de Goliaths,

« dules qui n'admettent que ce qui leur est matériellement
« démontré, et encore... — A ce point de vue, votre travail
« est solide et vous aurez raison de le publier.»

C'est ce que nous avons fait — fort de la méthode pour ainsi dire expérimentale à laquelle nous avons soumis cette question qui intéresse l'homme à un si haut degré ; et nous croyons l'avoir résolue, de manière à donner satisfaction en même temps à la curiosité, à la raison et à la foi de nos lecteurs.   E. L.

semblables à ces Rephaïms de la Bible dont les vieilles litanies demandaient l'éloignement en ces termes : « *Des gémissements, des plaintes, des* « *tapages et de la persécution des géants, déli-* « *vrez-nous, Seigneur !* » Qu'est-ce encore que ces fantômes de géants qui se manifestent parfois au bord des gaves, dans les Pyrénées, et que les gens du pays appellent *chariveurs ?* — On a vu des paysans mourir après en avoir subi le contact. Et ceux qui apparaissent aussi de nos jours autour du menhir de Domfront (Orne), qui frappent les visiteurs de stupeur en les rouant de coups, si ce n'est quelqu'une de ces affreuses légions de tortureurs ou vengeurs *(alastores),* comme les nomme l'Ecriture, que Dieu permet à l'abime de vomir pour punir de leur cupidité les campagnards rapaces qui viennent recueillir les pièces d'argent que chaque année, à une certaine époque, la tradition affirme être répandues dans le voisinage de ce menhir ?
« La folie n'est pas le seul fléau qu'engendrent ces
« étranges manifestations chez ceux qui s'y expo-
« sent, dit un médecin du pays très digne de foi,
« le docteur Y. Z... qui en certifie l'existence ; —
« fuyez-les, ajoute-t-il, comme le plus sérieux des
« dangers ! »

Si ces sinistres fantômes et tous les êtres de la même famille évoqués par les pratiques démoniaques et la science occulte de la magie, ne sortaient pas du sein de la terre, la Pythonisse d'Endor, cette spirite fameuse, eût-elle dit à Saül lorsqu'il vint la consulter : « Qui veux-tu que je te fasse *monter ?* » Et plus loin : « J'ai vu comme un dieu qui *montait* de la terre ; c'est un vieillard qui *monte.* » Et lorsque Samuel apparaît, ne reproche-t-il pas à Saül son évocation en ces termes : « Pourquoi as-tu troublé mon repos en me faisant *monter ?* (1) » Cette expression *monter* indique, évidemment, la source toute terrestre des apparitions et fantasmagories diaboliques qui entrent dans les attributs de Satan, roi des enfers — après Dieu le plus puissant souverain du monde — Satan, cet invisible génie du mal, dont l'influence se fait si particulièrement sentir de nos jours.

Des épouvantements de même nature ont frappé et frappent journellement les hommes sur différents points de la terre, mais principalement au fond des mines de métal et dans les régions volcaniques. Nous pouvons à ce sujet citer Tacite, car il nous en décrit, dans ses *Annales*, de bien extraordinaires. Tacite cependant n'était pas un illuminé ; c'était un esprit ferme et positif : « En ce temps-là, dit-il, un
« mal imprévu affligea les Ubiens, nos alliés. Des
« feux sortis de terre dévoraient les moissons, les
« fermes, les bourgs entiers ; rien ne pouvait les

(1) *Genèse*, chap. xxviii. *Samuel*, versets 11 à 16.

« éteindre, ni la pluie du ciel, ni l'eau des sources
« et des rivières. Il fallut leur jeter des pierres, les
« étouffer sous des vêtements et les chasser à coups
« de fouets et de bâtons, commes des bêtes sau-
« vages. » Un feu que l'eau ne saurait éteindre et
qui fuit devant des bâtons et des pierres ne peut
être qu'un feu intelligent. « Quelle pierre d'achop-
« pement pour la météorologie ! » s'écriait spirituellement, à cette occasion, le savant astronome
François Arago. Ainsi, devant de pareils phénomènes qui révèlent l'existence réelle d'un monde
subterrestre-surnaturel, ces deux grands esprits,
Tacite et Arago, étaient au moins d'avis « qu'en
le niant on manquait de prudence. »

Chaque éruption de volcan, chaque tremblement
de terre, chaque invasion de fléau naturel ou social,
chaque trouble dans l'harmonie ordinaire du monde
physique ou intellectuel est presque toujours accom-
pagné de ces signes essentiellement sataniques.

Olaüs Magnus, archevêque d'Upsal, en Suède,
nous montre pendant les éruptions de l'Hécla, (1)
comme Tacite pendant celles du Vésuve, « des
« ombres venant dans les villes voisines presser

(1) L'Hécla, volcan célèbre de l'Islande, à 3.328 pieds
au-dessus du niveau de la mer. Ses plus fameuses éruptions
eurent lieu en 1104, 1157, 1222, 1300, 1341, 1362, 1389,
1558, 1636, 1673. Olaüs Magnus, de la famille Store, né à
Lindkœpingen, en 1488, mourut à Rome en 1544.

« les mains des vivants et s'entretenir tristement
« avec eux. » A coup sûr, ces ombres ne descendaient pas du Ciel. Elles sortaient de leurs repaires souterrains, en ces heures fatales, pour avertir les hommes ou pour les narguer — ce qui est généralement le fait des mauvais esprits plutôt que des bons.

« Toute montagne ignivome, a dit un auteur
« grec, brûle sur un géant, sur un Cyclope, sur
« Typhée, sur Encelade, » c'est-à-dire sur un démon, un rebelle. Et nous pourrions ajouter sur Empédocles, c'est-à-dire sur un orgueilleux. « Nous
« entendons leurs gémissements, dit le même au-
« teur, nous comprenons leur langage, nous voyons
« même leurs personnes. » Un grand nombre de savants consciencieux, d'ingénieurs dignes de foi, sont en effet descendus dans des cratères et ont déclaré y avoir entendu distinctement des plaintes, des gémissements, accompagnés d'éclats stridents, pareils à des sons de trompettes, et y avoir eu la perception des ombres qui habitent ces lieux et qui ne peuvent être que des damnés, des réprouvés de la nature et de Dieu.

Sous le règne de Tite-Vespasien, raconte l'historien Dion, pendant la grande éruption du Vésuve (an 79 de notre ère), « on vit tant de spectres que
« le peuple en fut grandement épouvanté, s'imagi-
« nant que le monde retournait au chaos. » Aussi

Tertullien appelait-il le Vésuve : « la fournaise de l'Enfer — « *la cuccina del diavolo,* la cuisine du « diable, » disent encore aujourd'hui les Napolitains.

Au fond des mines du Nord — ici nous approchons de plus en plus du temps présent et du réel — dans ce monde souterrain dont le savant Kircher nous a si soigneusement dépeint les ténèbres et les abîmes, il existe des êtres intelligents, différents de l'homme, mais en ayant la forme, espèces de spectres, de fantômes parfaitement connus et désignés par les mineurs qui les redoutent et les fuient, sous les noms de *Bergmannleiner, Goutèles, Kobols et Trolls.*

Croyant d'abord à un simple jeu de gaz méphitique, à quelque combinaison fantastique de feu grisou, Kircher voulut en avoir le cœur net, car il se trouvait fort embarrassé, alors qu'il travaillait à son grand ouvrage minéralogique, devant une multitude de faits aussi étranges. Il écrivit donc à Bernard Brunn, savant célèbre du xviie siècle et directeur des mines de Hongrie : « Rien n'est plus « vrai, *certissimum est,* lui répondit Brunn, que « nous avons dans nos mines des perceptions d'es- « prits et de spectres, non-seulement occupés à « divers travaux dont nous ne voyons cependant « aucun vestige, mais encore insultant nos mineurs « et leur lançant des pierres, quelquefois avec tant

« d'acharnement que les ouvriers sont obligés
« d'abandonner leur ouvrage, comme cela arriva,
« il y a quelque temps, à un mineur nommé
« Georges Egger, qui en mourut. Nos ouvriers
« auxquels ces esprits révèlent ce qui doit arriver,
« sont persuadés que, s'ils divulguent ces prédic-
« tions, ils ne sont pas longtemps sans mourir.
« Nous en avons un exemple dans la personne
« d'un nommé Siméon Krauss qui, au moment
« même où il confiait la chose à ses compagnons,
« mourut de mort subite. »

Agricola, dans son livre : *De re metallicâ*, dit que les mines du Tyrol « offrent la trace de certains
« démons-pygmées, aux pieds d'enfants, dont la
« présence est invisible, mais facile à reconnaître
« par les coups que frappent continuellement ces
« esprit frappeurs, *dæmones malleatores*, qui
« selon les mineurs indiquent presque toujours le
« voisinage de l'or.

« Ces esprits ne sont pas les plus mauvais ; mais
« ceux que l'on perçoit quelquefois, appelés *Sne-*
« *berguer*, à l'aspect terrible, aux manières féroces,
« et dont les influences sont très redoutables, pa-
« raissent avoir été constitués comme de vrais
« Cerbères, gardiens de l'or.

« A ce sujet, ajoute Kircher, Schapelmani, préfet
« des mines vous répondra à son tour que tous
« les mineurs se sont vus à la fois expulsés par ces

« esprits, au moment où ils allaient mettre la main
« sur une mine très riche, car c'est comme cela que
« les choses se passent. »

Nous n'avons aucune raison de suspecter la bonne foi de tant de personnages honorables, instruits sur le fond des choses et qui, bien qu'ils ne se soient pas expliqués sur leur nature et leur pourquoi, les ont précisées et affirmées avec un accent si convaincu. Nous admettons donc ces faits comme très réels, malgré leur étrangeté et leur contradiction apparentes avec les phénomènes naturels dont nous sommes ordinairement témoins. Nous les admettons surtout parce qu'ils viennent corroborer en nous la croyance à des lieux de peines et de ténèbres, ainsi qu'à des lieux de lumière et de joie, habités les uns et les autres par des créatures intelligentes comme l'homme.

Or, si, comme il faut le supposer d'après les figures et les formes humaines qu'ils prennent lorsqu'ils se manifestent, ces esprits ont été revêtus autrefois de notre forme corporelle, évidemment ce ne peut être que des âmes d'avares ou de mauvais riches, condamnés sans doute à passer leur éternité auprès de cet or que les souffrances, les misères et les privations de leurs semblables n'ont pu, quand ils vivaient sur la terre, arracher à leur cupidité : horrible et juste punition d'un vice qui dessèche le cœur et fait le vide autour des hommes! (1).

Tous ces détails, tous ces renseignements sont, répétons-le, expressément scientifiques et puisés à des sources officielles. Des procès-verbaux authentiques les ont constatés. Des dépositions difficilement obtenues de témoins oculaires, de mineurs, d'ouvriers se trouvant sans cesse sous le coup de la peur, ont été produites, et il n'y a pas plus à douter de leur exactitude que de l'autorité même du texte de l'Apocalypse, dont ces pièces viennent confirmer de tous points les paroles : « Et le grand dragon, « le serpent ancien appelé Satan fut *précipité en* « *terre*, et ses anges, les démons, furent précipités « avec lui. »

Mais revenons aux volcans, c'est-à-dire au feu central, à la mer de soufre et de feu — *lacus ignis ac sulphuris* — comme l'appelle l'Ecriture, au Scheol, à cette géhenne enflammée, la véritable vallée de Hinnon — de la *Genèse* — dont se moquent

---

(1) « Un mendiant mourut un jour et fut porté par les anges dans le sein de Dieu : Un mauvais riche mourut également et fut enseveli dans l'enfer. » (Evangile selon saint Luc.)

Voyez à ce sujet le magnifique sermon du P. Ventura, sur *l'éternité des peines*.

Voyez aussi la non moins belle homélie de saint Chrysostôme sur *l'histoire réelle du mauvais riche*.

tant de gens, sans se douter qu'ils rient tout simplement de la vérité physique et géologique la mieux établie.

Si nous compulsons au sujet des volcans les auteurs anciens, ceux-ci nous affirment que, de leur temps, on se faisait descendre dans les cratères pour y consulter les oracles, mais qu'on en remontait toujours rempli d'épouvante de ce qu'on y avait entendu et vu; c'est-à-dire des plaintes, des gémissements, des éclats d'instruments d'airain semblables à la trompette du jugement dernier, et des spectres à formes humaines et bestiales qui habitent ces cratères — véritables antres de Trophonius, dont nous a parlé l'antiquité, et dont il n'est pas prudent, pour l'homme, de respirer la pernicieuse atmosphère. On sait, d'après l'histoire, quelle impression de tristesse profonde ou de noire mélancolie les anciens rapportaient de la visite de ces lieux de terreur et de désolation. N'est-ce pas dans l'horrible famille des êtres maudits qui les hantent, que s'engendrent ou se recrutent les soldats de cette invisible armée du mal qui nous environne, nous assiège et nous obsède de toutes parts? N'est-ce pas d'eux dont a voulu parler Bossuet lorsqu'il a dit : « Qu'il y ait dans le monde un certain genre
« d'esprits influents que nous appelons démons,
« c'est une chose qui a été reconnue par le témoi-
« gnage commun de tous les peuples. »

Après cela, pouvons-nous nous étonner de voir consigné dans un journal populaire, tout moderne, rédacteur en chef M. Édouard Charton, sénateur, homme très sensé et très positif, dont le jugement offre toute garantie de sincérité, ce fait extraordinaire, mais authentique, inséré dans le *Magasin Pittoresque* (février 1850, page 79). « Dans une
« course au Mont-Tendre (Jura), un voyageur
« s'était fait descendre dans une baume, puits na-
« turel ou sorte de cratère volcanique, au moyen
« de toutes les cordes qu'on pût trouver dans les
« châlets des sept montagnes. Au bout de quelque
« temps, cet homme tira la corde correspondant à
« une sonnette et fut remonté. Alors on lui demanda
« ce qu'il avait vu ? Ah ! j'en ai assez vu, répon-
« dit-il, et il tomba mort ! »

Qu'avait-il vu ? On l'ignore ; on l'ignorera toujours. Mais il serait étrange qu'un homme doué d'une assez grande force de caractère et d'assez de résolution pour tenter un pareil voyage se fût laissé tout à coup envahir comme une femmelette par la peur, par une simple hallucination, par un trouble de l'esprit ou de l'imagination, et cela au point d'en mourir. Ce qu'il avait vu, c'était à n'en pas douter, quelque monstre habitant ces lieux de ténèbres, un de ces démons avides de sang humain dont la magnétique et perfide influence fascine, attire et pompe en quelque sorte la vie de l'homme

assez imprudent pour l'affronter. Ce qu'il avait vu, c'était comme dans les mines de Hongrie et du Tyrol, comme dans les volcans, dans les Typhonia de la Carie et du lac Averne visités par Ulysse, le spectre de quelque Tiresias, sombre chef de cette hiérarchie d'anges déchus, d'intelligences mauvaises et maudites, de vampires, valbins ou *carnifices* « bourreaux des hommes, » comme les appelle Zoroastre, dont le regard seul donne la mort. Ce qu'il avait vu, c'était une de ces âmes damnées, comme celle de Théodoric qui, au dire de saint Grégoire-le-Grand (lequel consacre un chapitre de ses ouvrages aux réprouvés précipités dans les cratères), fut aperçue par un solitaire de l'île de Lipari, descendant dans un volcan du voisinage, « ce qui fut cause que la mort de l'empereur
« se répandit promptement dans toute l'Italie, bien
« qu'elle fût arrivée très loin de là. »

La conclusion géologique à tirer de tous ces phénomènes, conclusion parfaitement d'accord avec les données les plus anciennes de la traditions théologique, « c'est — dit le savant Couturier — que la
« puissance qui a opéré les diverses transformations
« physiques du globe existe encore aujourd'hui dans
« son sein. »

Qui sait si cette puissance n'y prépare pas, à l'heure qu'il est, à l'aide de ces mystérieux ouvriers dont parle Kircher, à l'aide de ces êtres *damnés*, et par cela même éternellement condamnés au travail surnaturel ; — qui sait, disons-nous, si cette puissance n'y prépare pas les matériaux, les éléments et les types d'êtres corporels (hommes et animaux) qui doivent succéder à la création actuelle lors de la prochaine précession équinoxiale, et que la voix de Dieu tirera, au jour donné, des profondeurs de Cybèle comme d'un laboratoire magique, pour qu'ils puissent jouir à leur tour de l'existence à la clarté du soleil ? (1).

Cette hypothèse ne serait pas impossible, puisqu'il est constaté aujourd'hui que notre monde a lui-même remplacé un monde antérieur dont les êtres ont entièrement disparu.

Quant à la conclusion religieuse, véritablement historique, la Bible nous la donne, et les plus grands génies de notre temps y ont adhéré : Leibnitz, Laplace, Kant et tant d'autres puissants esprits qui ont scruté les mystères du globe, qui ont travaillé le cœur des choses, acceptent cette conclusion :

---

(1) « Saint Augustin, qui admet la création simultanée,
« enseigne cependant qu'un grand nombre d'êtres n'ont
« été créés que *potentialiter*, c'est-à-dire que Dieu, en
« créant la terre, lui concéda le pouvoir de donner naiss-
« ance à certaines plantes et à certains animaux. »

L'hypothèse que nous venons de formuler semble parfaitement s'accorder avec ce *potentialiter* dont a parlé saint Augustin.   E. L.

« c'est que notre planète était autrefois lumineuse ;
« c'est que le *Prince de ce monde,* comme l'ap-
« pelle saint Paul, lequel était en même temps le
« plus grand et le plus beau des archanges, a été
« foudroyé et précipité au fond de cette planète qui
« lui avait été assignée pour domaine ; c'est que le
« véritable feu éternel brûle encore dans son sein.»

Schelling et son école sont donc dans le vrai lorsqu'ils disent que « le centre de la terre n'est pas « absolument matériel. »

Ainsi, d'une part : éléments matériels incandescents, soufre et feu ; d'autre part : éléments immatériels, âmes des hommes, esprits, démons ou êtres intermédiaires — formés peut-être de cette *matière radiante* que vient de découvrir le fameux chimiste anglais Crookes — telle paraît être la composition du monde intérieur qui s'agite, flotte et bouillonne au-dessous de nous ; telle paraît être l'atmosphère de cet océan animé qui vit, respire, travaille et souffre sous nos pieds : certes, il y a bien là de quoi nous faire réfléchir sur la puissance de l'Etre à qui nous devons la vie et à qui nous appartenons corps et âmes.

Pour ce qui est des couches de l'éther qui sont les plus rapprochées de notre globe et qui sont également animées par les « *esprits de l'air* » — disaient les anciens — il ne nous paraît pas contraire à l'orthodoxie de croire qu'elles servent de refuge aux âmes plus ou moins dégagées du limon terrestre — âmes errantes ou souffrantes — âmes en peine, comme on les appelle communément : ce serait le véritable Purgatoire des chrétiens. Et, en effet, puisque ce lieu d'expiation existe, il faut bien aussi qu'il soit quelque part.

Les espaces élevés des sphères supérieures, et peut-être ces sphères elles-mêmes, semblent être le royaume des âmes épurées et heureuses, des élus. Là, identifiées avec le Père, avec le Maître, avec Dieu, absorbées dans le sentiment et les délices de la céleste béatitude, elles vivent complètement dans son sein.

Pour en revenir aux *lieux bas*, à l'Enfer, dont nous avons voulu spécialement nous occuper, et dont nous avons déterminé, selon l'observation scientifique, la théologie et la logique des choses, la véritable situation topographique; du moment où les dogmes les plus anciens comme les plus sacrés en proclament l'existence, et que cette réalité, cette vérité se trouve d'accord avec l'expérience, l'histoire et la géologie, n'est-il pas rationnel d'assigner aux orifices, aux soupiraux naturels et ignés appelés cratères ou volcans, l'entrée de ces tristes lieux ? D'ailleurs, s'il faut encore avoir recours, pour l'affirmation de notre thèse, à une autorité scientifique de premier ordre, M. de Humboldt nous dit positivement que « les volcans sont

« les canaux de communication continue entre l'at-
« mosphère intérieure et l'atmosphère extérieure
« du globe. »

D'après Elien *(De naturà animali)*, il existait jadis dans l'Inde (peut-être existe-t-elle encore aujourd'hui) une de ces bouches volcaniques, consacrées par la croyance populaire, l'Aria, où l'on sacrifiait, tous les ans, plus de trente mille animaux. Ces animaux n'y étaient pas amenés liés avec des cordes, ils y étaient naturellement entraînés, et s'y précipitaient d'eux-mêmes pour aller servir de pâture aux âmes infernales, que l'on savait friandes de l'odeur du sang.

Sans doute, quand on est loin des temps et des lieux, rien n'est facile comme de nier ou d'expliquer à la légère tous ces faits par l'action des gaz ou par l'hallucination, ce grand cheval de bataille des académiciens positivistes et des savants qui ne croient qu'à leur science. Mais quand, voulant se rendre un compte exact des choses et les connaître à fond, on les examine de plus près, c'est-à-dire non pas seulement en s'étayant des lumières de la foi, « *cette dernière démarche de la raison,* » a dit Pascal, mais avec un sentiment bien résolu d'observation et de critique, avec un esprit dépouillé de tout parti-pris de doute ou de négation, on prend en pitié ces lieux communs et ces explications superficielles.

Au fond, la doctrine païenne et la doctrine catholique sont, sur ce point, en parfaite concordance. L'Enfer c'est le Plutonia, le Tartare des anciens. Les volcans sont les entrées naturelles de ces lieux de malédiction.

Que les rationalistes, qui ne croient pas plus à la révélation qu'à la géologie, nient à outrance certains faits, parfaitement existants et prouvés — libre à eux — les rationalistes ne croient qu'à ce qu'ils voient et à ce qu'ils savent, c'est-à-dire à leurs erreurs et à leur ignorance. Mais leur négation entêtée et obtuse n'infirme en rien l'autorité de la tradition, de l'histoire et de la véritable science, ne prouve rien contre des réalités palpables, dues à des observations désintéressées et loyales.

Une conséquence plus haute est à tirer particulièrement de tout ceci : conséquence humaine, morale, éternelle! c'est qu'il importe de détourner sans cesse nos instincts, nos passions et nos actes de ces *lieux bas*, de ces Typhonia inférieurs, de les diriger, au contraire, et de les élever sans cesse vers les lumières d'en haut, afin de ne pas être fatalement attirés (comme les animaux de l'Aria indien) dans les profondeurs immondes de cet abime terrestre où le célèbre archange Sammaël, le prince des rebelles, le roi du mal, a été précipité. (1)

(1) Voir, à l'Appendice, la note C.

LES PROPHÉTIES

ET

LES PROPHÈTES

LES
PROPHÉTIES & LES PROPHÈTES

Au commencement, c'est-à-dire au début de la création et pendant les premiers âges du monde, Dieu parlait directement à l'homme, sa créature. Il parla à Adam dans le paradis terrestre. Il parla à Caïn pour lui reprocher le meurtre de son frère. Il parla à Noé pour lui annoncer le déluge et lui ordonner la construction de l'arche. Plus tard, il s'adressa à Moïse sur le mont Horeb, puis sur le Sinaï, en lui remettant les tables de la Loi; à saint Paul sur le chemin de Damas. En un mot, l'histoire primitive de l'humanité fourmille de récits relatifs à cette intervention directe de la personne divine dans la vie des patriarches, dans l'administration des rois, pasteurs et conducteurs des peuples, soit pour leur donner des conseils, soit pour les guider dans leurs actes ou leur prédire les événements futurs.

Mais, à mesure que l'homme put faire un emploi plus éclairé et plus judicieux, un usage plus complet de son intelligence et de sa liberté, Dieu laissa aux anges ses ministres — souvent ses envoyés — aux prophètes (1) ses inspirés, aux apôtres et aux

(1) « *Qui locutus est per prophetas* » (dit le Rituel, au Credo).

prêtres ses délégués, le soin de converser avec l'homme, de l'avertir et de lui transmettre les ordres de sa volonté. Enfin, son dernier missionnaire, Jésus, fut chargé d'annoncer à l'homme le pardon, la Rédemption (dont il fut lui-même l'holocauste), et en même temps, la diffusion parmi la race humaine des sublimes enseignements du ciel.

C'est donc faute de réflexion que beaucoup de gens — athées — libres-penseurs — mécréants — sceptiques — rationalistes — s'étonnent du silence personnel que Dieu garde aujourd'hui vis-à-vis de sa créature, et qu'ils s'en font une arme de négation contre lui. Mais pour s'expliquer ce silence, l'homme n'a qu'à considérer son père céleste du même œil qu'il considère son père naturel, car il y a entre eux ressemblance, sinon identité.

Le père naturel, après avoir donné le jour et les premiers soins à ses enfants, après les avoir suivis de près, jusqu'à un certain âge, pendant plus ou moins de temps, ne les livre-t-il pas aux conseils de leur raison — mieux encore — à des maitres de son choix, à des précepteurs capables de les instruire et d'achever leur éducation ?

D'ailleurs, l'intervention de Dieu, si elle n'est plus personnellement directe aujourd'hui, c'est-à-dire visible et accessible aux sens matériels (1),

(1) Il existe bien, même de notre temps, des faits miraculeux émanés de la volonté d'en-Haut, faits que nous

n'en est pas moins sensible dans l'ordre surnaturel aussi bien que dans l'ordre naturel, puisque nous jouissons, et de la vie qu'il nous a donnée, et du spectacle phénoménal de ses œuvres, et de l'espérance d'une vie meilleure, véritable substance dont l'homme aime à se nourrir...

Il faut donc avoir complètement perdu la foi en un Dieu personnel et caché — *Deus absconditus* — il faut avoir perdu l'idée d'une providence immanente et sans cesse agissante, pour ne pas comprendre que nous ne vivons qu'en elle, que notre existence dépend absolument, uniquement, de ce suprême pouvoir, et que nous sommes éternellement sous la loi de cette haute intelligence.

L'humanité, considerée dans son ensemble comme un être individuel, étant une fois entrée en pleine possession d'elle-même et de sa personnalité, étant mûre pour le discernement du mal ou du bien, pour la liberté de ses choix et l'indépendance de ses propres actes, Dieu n'avait plus à intervenir par parole ou par action directe dans ses affaires et sa conduite. Seulement, les prophètes, les apôtres, les prêtres, furent investis de la faculté ou du pouvoir nécessaires pour continuer auprès de l'homme les fonctions que Dieu avait daigné remplir lui-même au commencement.

admettons et auxquels nous croyons sincèrement, mais il n'entre pas dans notre plan d'en parler ici.

Ces instituteurs des peuples, obéissant soit à des ordres venus d'en-Haut, soit aux impulsions du génie ou de la science acquise, prirent les rôles d'éclaireurs, de guides, de propagateurs des doctrines et des pensées divines : *Daniel — Ezéchiel — Elisée — Nathan — Osée — Elie — Aggée — Zaccharie — Samuel* et tant d'autres, ont marqué dans ces hauts rangs.

Après les prophètes, les apôtres : *Pierre — Jean — Marc — Paul*, évangélisèrent tour à tour les différents peuples de l'Asie et de l'Europe : les Juifs — les Ephésiens — les Philippiens — les Thessaloniens — les Colossiens — les Corinthiens — les Romains.

A l'heure qu'il est, nos missionnaires catholiques, disciples de ces glorieux ancêtres, répandent comme une semence féconde la parole du Maître parmi les infidèles, parmi les sauvages d'Afrique et d'Amérique, et l'expérience démontre victorieusement tous les jours combien de résultats heureux — au point de vue de la moralité et de la civilisation — sont obtenus dans le monde entier par l'*Œuvre de la Propagation de la Foi*, à laquelle ils se dévouent.

Ainsi, les prophètes (1), les apôtres, les prêtres,

(1) Pour suivre avec profit l'enchaînement des prophéties bibliques, dans l'ordre et la hiérarchie indiqués par la science sacerdotale, il faut lire attentivement et à plusieurs reprises la grande et savante *Histoire de l'Eglise*, écrite par

les missionnaires, tels sont les véritables éducateurs des hommes dans l'ordre religieux et moral ; car s'il n'y a pas de religion sans morale, à plus forte raison n'y a-t-il pas de morale sans religion.

La morale qu'on nomme aujourd'hui *indépendante* ne saurait exister réellement comme morale, car elle est exposée à subir toutes les vicissitudes des temps, toutes les fluctuations d'opinions, toutes les modifications inventées par les partis politiques, en un mot, tous les caprices de la volonté humaine; c'est une morale transitoire due à un régime passager.

La vrai morale, au contraire, celle qui s'appuie sur la loi religieuse est une, absolue, universelle.

M. l'abbé Darras, chanoine de Quimper. Ce docte écrivain est décédé récemment, mais son œuvre, qui se compose déjà de vingt-cinq volumes, sera continuée par les confrères du défunt, qui est mort avant d'avoir achevé sa tâche. L'*Histoire de l'Eglise* est un ouvrage de haute portée historique et critique. Fruit de longues et patientes recherches, ce livre nous parait un chef-d'œuvre de discussion transcendante.

La question des prophéties et des prophètes y est traitée de main de maître. L'argumentation orthodoxe se soutient, d'un bout à l'autre de l'ouvrage, avec une puissante autorité, contre les assertions juives et ariennes. D'un autre côté, l'auteur met littéralement sans dessus-dessous toutes les opinions subversives émises de notre temps par les athées, les incrédules et les faux-savants dont le monde est plein. Il passe au crible d'une critique incisive, mais calme

La morale *indépendante* — qui est la plus *dépendante*, assurément — n'est pas cette étoile fixe qui brille radieuse dans le ciel des intelligences d'élite cette divinité incorruptible qui vit dans le sanctuaire sacré qu'on nomme le cœur, la conscience de l'homme; c'est une comète nébuleuse qui traverse une atmosphère troublée — une fausse idole, une image fallacieuse de la vérité. Elle n'a aucune sanction supérieure, rien ne la rattachant à un principe divin, éternel.

Sur ce point, notre époque nous paraît bien près de confondre la doctrine vraie, la doctrine sensée, inéluctable du bien — avec les honteuses compromissions si facilement pratiquées par les intérêts matériels et égoïstes du jour, c'est-à-dire avec le mal.

et convaincue, les écrits des Renan, des Strauss, des Essenna, des Salvador, des Riesser, des Vacherot et autres philosophes des écoles française et allemande. Il les accable de sa dialectique serrée et les poursuit de sa plume altière, fine et spirituelle, mais toujours courtoise, sous les épines du plus ironique dédain.

Ce livre admirable est une véritable œuvre de bénédictin. Les Bollandistes, les Papebrochistes n'ont fait ni mieux ni plus complet dans leurs *Acta sanctorum*. L'auteur traque, attaque et défait, à travers l'histoire de dix-huit siècles, les erreurs nuisibles et les faux jugements que l'Eglise a eu de tout temps à combattre, et, à notre avis, il les réfute triomphalement.
E. L.

Il importe donc de rétablir le principe moral du juste sur sa base religieuse, telle que l'a définie, en quelques vers heureux, un poète catholique moderne :

> Toute religion du ciel est le lien
>   Qui rattache l'homme à son Maître ;
> De la plus haute échelle au dernier rang de l'être,
>   Ce sentiment est pour l'homme un soutien.
> Tous les peuples l'ont cru : Chinois, Turc, Indien,
> Hottentot et Lapon, païens, anthropophages ;
> Des plus civilisés jusques aux plus sauvages,
> Tous ont proclamé Dieu, source pure du bien...
> Mais qui veut conquérir les célestes rivages
> Porte sur son fanon le signe du chrétien.

La croix est, en effet, le signe catholique par excellence.

Mais l'idée première de Dieu, c'est-à-dire l'idée d'un principe intelligent, supérieur à l'homme, a pour corollaire la croyance en l'immortalité de l'âme.

Dieu est la *cellule* spiritualiste primordiale — pourrait dire un embryogéniste croyant — mais le second dogme — le dogme consécrateur — c'est l'âme immortelle.

Or, ce dogme essentiel de la résurrection de l'homme dans une autre patrie, dans la patrie céleste, ce dogme, qui est absolument adéquat à la croyance en Dieu, se trouve, en quelque sorte, confirmé, prouvé — dans l'ordre naturel de la création — par une image sensible, par un symbole frappant, emblème intentionnel sans doute, que Dieu a voulu présenter à l'homme : cet emblème — c'est la transformation de la chrysalyde en papillon. — Double état du même individu — cette résurrection n'est pas — remarquons-le bien — une *métempsychose* — c'est-à-dire le passage de la vie d'un être dans le corps d'un autre être; mais seulement une transformation, un simple changement de situation physique pour l'animal, changement de situation physique qui, appliqué à l'homme, entraîne forcément un changement de situation morale.

La nature, pour l'observateur et le philosophe, est pleine d'enseignements du même genre; mais il n'en est pas de plus saisissant. Au point de vue de l'avenir ultrà-terrestre de l'homme, l'exemple est, semble-t-il, concluant. Seulement, il est clair que toute question de mérite ou de démérite, de peine ou de récompense, doit être réservée. Il ne s'agit ici que du fait naturel de la résurrection, fait que le même poète catholique a voulu signaler aux incrédules, en l'enserrant dans la forme rhythmique d'un sonnet intitulé :

LA CHRYSALIDE

J'avais vu tout l'hiver sur le tronc d'une yeuse,
Transie et ballottée au gré de l'aquilon,
La pauvre chrysalide : elle était anxieuse
Et semblait bien souffrir d'un martyre aussi long...

Lorsque au jour du printemps, de sa coque soyeuse
Tirant la nymphe ailée, un brillant papillon
La prit et l'emporta dans l'air : alors joyeuse,
Elle monta, traçant sur l'azur un sillon...

Est-il du sort de l'homme un plus parfait emblème ?
Et n'est-ce pas ainsi que l'ange qui nous aime
Nous délivre — à la mort — du terrestre tourment ;

Et que l'âme en sa nuit trop longtemps prisonnière,
Un beau matin s'élance, avide de lumière,
Pour épouser là-Haut son immortel Amant ?

Observateur de la nature par goût et par occasion, nous avons été témoin de cette scène ; nous avons vu maintes fois cette idylle charmante représentée dans nos champs, à la lisière des bois, sur les murs de nos jardins : ô vous qui ne croyez ni à

Dieu ni à votre résurrection, ni à votre ange gardien, puissiez-vous avoir sous les yeux quelque jour cette révélation *naturaliste*. Elle vous est peut-être réservée ? Elle serait à la portée de votre *positivisme !*

Nos préliminaires ainsi posés, saisissons à corps les prophètes.

Depuis ceux de la Bible, d'autres ont paru dans des temps plus rapprochés de nous, et leurs prédictions, plus ou moins intéressantes, ont été plus ou moins véridiques.

De la race de ces prophètes primitifs est sortie et s'est perpétuée parmi les populations chrétiennes, particulièrement au moyen âge, la famille secondaire des illuminés, des inspirés, des mystiques, des voyants — personnages prédestinés, frappés d'un rayon d'en-Haut, doués d'un don véritablement surnaturel.

Mais notre époque, devenue réfractaire aux facultés de cet ordre par l'effet du rationalisme et du doute qui ont envahi les esprits, notre époque a pris le parti de reléguer ces individualités exceptionnelles parmi les imposteurs, les hallucinés ou les fous.

Cependant, il est certain que, de temps à autre, apparaissent encore des gens heureusement nés qui, au milieu des incertitudes et des épreuves sociales, annoncent les événements futurs, prédisent l'avenir et voient, dans la pluralité des cas, leurs prophéties justifiées par les faits.

Ces individus sont, pour la plupart, de vrais croyants, des hommes de foi, des solitaires que leurs habitudes cénobitiques ou une vie concentrée, humble et toute spirituelle, arrachent en quelque sorte aux étreintes de la matière. — Ayant acquis par le jeûne et les macérations de la chair, par la pureté et la sainteté de leur existence, une lucidité d'intelligence extraordinaire, ils deviennent ainsi aptes à pronostiquer juste, à expliquer clairement ou d'une manière probante les choses obscures, dégagées qu'elles sont dans leur entendement des troubles du présent par une intuition ou seconde vue vraiment merveilleuse : *La Religieuse de Blois, le Curé d'Ars, Bernadette, les Voyants de la Salette, de Lourdes et de Pontmain, les Moines d'Orval, les Stigmatisées de Belgique,* tous ces privilégiés de Dieu et de la nature doivent être classés dans une catégorie d'êtres à part. Ils sont évidemment sincères et leurs révélations, bien que n'étant pas *articles de foi*, méritent d'être écoutées.

Ce sont là des individualités assurément fort rares, et aussi respectables peut-être que l'étaient les prophètes primitifs dont ils descendent ou desquels ils procèdent. Ayant eu la même souche, une origine familiale commune, leurs facultés se sont transmises avec le sang, à travers les âges, avec le même caractère de bienveillance et de vertu, et ils les exercent encore comme autrefois en faveur des populations ou des individus à qui elles peuvent être utiles.

Ce sont bien toujours ces mêmes instructeurs, éducateurs ou guides, dont nous avons parlé en commençant.

Ne confondons pas ces devins honnêtes, pieux et convaincus, avec les charlatans fameux qui ont étonné le monde moins par la confirmation de leurs prédictions que par leur audace et leurs jongleries — les *Cagliostro* — les *Mesmer* — les *Saint-Germain* — les *Cazotte* et autres initiés du *Martinisme* qui enfanta la *Franc-Maçonnerie*.

Semblables à des champignons vénéneux, ces prophètes de malheur sont éclos sur le terrain fangeux de la Révolution qui grondait déjà sous leurs pas. Ils parlaient sous une influence démoniaque. Leur langage était une introduction fatale aux affreuses réalités du mal que méditait cet affreux régime.

De toute autre nature, par exemple, étaient les révélations qui, trois siècles auparavant, avaient rendu célèbre le nom de *Michel de Nostre-Dame,* plus connu aujourd'hui sous celui de *Nostradamus.*

Le fameux docteur de Montpellier n'était pas

précisément un cénobite, un ascète, mais un homme de mœurs simples et pures, un philosophe, un médecin savant — un peu susceptible peut-être — et que les tracasseries et la jalousie de ses confrères (1) avaient déterminé à vivre dans la retraite.

Né en Provence en 1503 et issu d'une famille juive, Nostradamus prétendait descendre de Moïse (2). Ce fut même dans la persuasion où il était de cette origine supérieure qu'il puisa la pensée de ses *Centuries*, recueil de divinations ou d'augures qu'il composa d'abord en prose et mit ensuite en vers.

Il faut sans doute étudier avec attention et perspicacité le sens apocalyptique de ce grimoire, pour nous assez confus, avant d'en tirer des inductions, généralement plus ingénieuses que concluantes, touchant les événements passés, contemporains ou futurs. Toutefois, il est juste de reconnaitre qu'un grand nombre de ces inductions, prévisions ou révélations — facilement traduisibles pour ceux qui ont l'habitude de ce travail ou qui possèdent des connaissances historiques suffisantes — se sont trouvées souvent confirmées par l'observation des faits et reconnues exactes.

(1) *Non est invidia medicorum invidiá major* — disait Phèdre il y a 1800 ans.

(2) Cette descendance, si elle est réelle, indiquerait que la faculté divinatoire est transmissible avec le sang et à longue distance, ainsi que nous l'avons dit plus haut à propos des voyants et des prophètes de nos jours.

Rapprochement étrange! ce fut précisément à Blois (pays historiquement fameux et remis en évidence de nos jours par les prédictions de la religieuse *Marianne*) que Nostradamus eut l'occasion de déployer ses merveilleuses facultés intuitives.

Appelé dans cette ville en 1556, par Catherine de Médicis, pour tirer l'horoscope des jeunes princes ses fils — horoscope dont la justesse se justifia pleinement plus tard — le prophète s'acquitta de sa mission à l'entière satisfaction de la reine. Catherine la lui témoigna en le faisant nommer médecin ordinaire du roi Charles IX et en le gratifiant de 200 écus d'or, somme que Nostradamus employa en bonnes œuvres, car il était très charitable.

Les initiés, les croyants, les personnes pieuses appartenant surtout à l'ancienne noblesse, les gens du monde — même de tous les mondes — (il y en a beaucoup qui font en quelque sorte leur *vade-mecum* des *Centuries de Nostradamus*) ont une confiance robuste dans la valeur de ses prédictions (1). Ils y puisent, au milieu des traverses et des anxiétés fiévreuses de notre temps, force — courage —

(1) Voy. les nombreuses publications de M. l'abbé H. Torné-Chavigny, prêtre du diocèse de La Rochelle, curé de Saint-Denis-du-Pin (Charente-Inférieure). Ce savant commentateur et interprète de Nostradamus a consacré sa vie et sa fortune à ce curieux et intéressant travail.

consolation — résignation, et même une suprême espérance...

Comment, en effet, ne pas se sentir un peu ébranlé en présence d'une lucidité telle qu'à plus de trois siècles de distance — à part quelques faits de détail qui ne se sont pas vérifiés ou n'ont pu être exactement constatés — Nostradamus a annoncé sous des voiles d'une transparence inouïe la mort du prince impérial, fils de Napoléon III! (Voy. page 17 de l'*Almanach du Figaro* pour 1878.)

On sait ce que valent — dira-t-on — les prédictions d'almanach — mais ici la prédiction s'est malheureusement réalisée, alors que s'était déjà accomplie, au mois de janvier 1873, celle de la mort de l'empereur lui-même, ainsi que l'avait annoncé M. l'abbé Torné-Chavigny d'après le prophète Nostradamus. (Voy. page 16 du même document pour 1878.)

Que ceux qui en douteraient veuillent bien s'y reporter, ils se convaincront de l'existence de ces étonnantes prophéties et de l'exactitude des dates de leur accomplissement.

Il y a encore des prophéties d'ordre supérieur d'un autre genre mais non moins estimables, auxquelles les hommes de savoir se rallient volontiers, et que nous nommerons *prophéties scientifiques*, parce qu'elles sont la conséquence, la déduction forcée en quelque sorte de faits précédemment accomplis, d'événements antérieurs, observés par des calculateurs sagaces et des penseurs sérieux : c'est la prévision de l'avenir par la connaissance de l'histoire comparée, par l'étude approfondie du passé.

De ce nombre est la prophétie de Trithème, moine du XVIe siècle, qui vécut un peu avant Nostradamus, et dans les écrits duquel le docteur de Montpellier paraît avoir puisé quelques-unes de ses notions divinatoires.

La prophétie de Trithème doit donc être considérée moins comme une prophétie que comme une série de conséquences fatales, nécessaires, tirées logiquement de l'observation des temps écoulés et des faits antérieurement accomplis, c'est-à-dire des leçons de l'histoire.

A ce point de vue, elle est particulièrement sérieuse et digne de l'attention des philosophes et des savants.

La dernière partie surtout, celle qui concerne exclusivement la France, renferme des allusions et des rapprochements d'une application que les coups terribles qui nous ont frappés en 1870 rendent d'autant plus saisissante.

Mais quelques développements d'ensemble et de haute cosmologie sont d'abord nécessaires pour bien comprendre la théorie exposée par celui qui fut un des plus grands penseurs de la période chrétienne du xvɪᵉ siècle.

Abbé irréprochable d'un monastère de bénédictins, théologien consommé, maître de Cornélius Agrippa, Trithème a droit d'être remis aujourd'hui en pleine lumière, car son Traité, quoique passablement cabalistique, ne s'éloigne pas de l'orthodoxie et il abonde en enseignements qui, pour être aujourd'hui oubliés ou méconnus, n'en sont pas moins précieux.

Ce Traité, absolument en rapport avec les doctrines d'un écrivain qui admet l'histoire du monde, telle qu'elle est donnée par la *Genèse*, est écrit en latin, et voici la traduction littérale du titre : *Des sept causes secondes, c'est-à-dire des intelligences* (anges ou esprits), *préposées après Dieu au gouvernement des mondes* (1).

Le livre de Trithème est une clef de toutes les prophéties anciennes et nouvelles, un procédé historique pour ainsi dire mathématique et relativement facile, de surpasser les plus grands prophètes de l'ancien monde dans l'art de deviner les événements futurs.

L'auteur esquisse à grands traits dans ce livre la philosophie de l'histoire, et partage la domination

(1) Ces sept causes secondes ont été personnifiées par les Hébreux sous les noms de : *Oriphiel, Anaël, Zadkariel, Raphaël, Sammaël* (Satan), *Gabriel* et *Mikaël* (Michel).

de notre système planétaire entre les sept génies dont nous avons cité les noms.

« C'est la plus large interprétation qui ait jamais « été donnée des *sept puissances* dont il est ques- « tion dans certains écrits théogoniques, notamment « dans l'*Apocalypse,* où on les voit apparaître tour « à tour pour répandre le Verbe et la réalisation du « Verbe sur le monde. »

A part le brouillard quelque peu cabalistique, avons-nous dit, qui enveloppe l'exposition de ce système, on voit tout d'abord qu'il est orthodoxe, puisqu'il est emprunté aux Saintes-Ecritures : ce n'est pas le fruit d'un rêve, d'une conception imaginaire; c'est l'explication savante de la révélation de saint Jean — révélation qui, par la réputation dont elle jouit, même parmi les peuples non chrétiens, a toute la valeur d'un monument historique consacré par une croyance universelle.

Le règne personnel de chacun de ces anges ou esprits — pour nous invisibles — est de 354 ans 4 mois, et chacune des planètes de notre système solaire serait gouvernée d'une façon occulte, mais irrésistible, par une de ces forces intelligentes dont l'influence réagirait sur notre globe et sur les destinées sociales de ses habitants.

Qu'on nous permette de reproduire en entier cette théorie peu connue ; nous la croyons, malgré son caractère étrange, de nature à captiver l'attention de ceux qui croient à d'autres puissances qu'à celle de l'homme, existant et agissant dans la création.

Le commentateur de Trithème — *Eliphas-Lévi-Zahed* — nous apprend que le premier de ces génies est Oriphiel, l'ange de Saturne, qui « commença son règne le 13 mars de l'an premier du monde, car le monde génésiaque suivant Trithème aurait été créé le 13 mars; son règne aurait été celui de la sauvagerie et de la nuit. »

Ici nous ne trouvons pas le savant moine d'Heidelberg en accord parfait avec la Bible, car celle-ci est loin de regarder Adam et les premiers hommes comme des sauvages. Il est vrai que, relativement à ce que nous nommons aujourd'hui la civilisation, ce premier état humain a toujours été considéré comme un état de barbarie par les historiens de pacotille qui, dans les collèges universitaires, ont bercé nos jeunes ans. Nous ne voudrions pas ranger Trithème parmi ces derniers. Nous le laisserons donc poursuivre ses idées sans trop nous arrêter à ce qu'elles présentent parfois de contraire aux nôtres ou à celles qui ont cours.

« Puis est venu, dit-il, l'empire d'Anaël, l'ange de Vénus, qui débuta le 24 juin de l'an du monde 354. Alors l'amour devint le précepteur des hommes. Il créa la famille, et la famille conduisit à l'association et à la cité primitive. Les premiers civilisateurs furent donc les hommes inspirés par l'amour — les poètes. Mais l'exaltation poétique produisit la volupté, la débauche et les crimes qui amenèrent plus tard la punition. »

Cette idée de rendre les poètes responsables des maux qui affligèrent à cette époque l'humanité nous semble peu juste et bien hasardée. A notre avis, et comme on l'a vu d'ailleurs dans l'histoire des juifs, ce ne fût pas l'amour qui engendra le crime, mais la passion des richesses et des biens terrestres, le culte trop fervent du *veau d'or* — idole encore adorée de nos jours.

Cette partie de la théorie de Trithème nous paraît un peu trop exclusivement empruntée aux idées païennes et au symbolisme grec.

Vénus, en effet, est une divinité toute païenne. Il est naturel que la planète à laquelle on a donné son nom soit consacrée à l'amour; mais ce n'est point parce qu'elle portait ce nom qu'il fallait rendre les amoureux et les poètes responsables des méfaits commis par des hommes qui, vraisemblablement, n'étaient ni poètes, ni amoureux. D'ailleurs, l'amour existait bien avant la Vénus-déesse et la Vénus-planète. La Vénus des astronomes nous paraît donc avoir séduit outre mesure notre philosophe Ce nom de Vénus l'aurait seul inspiré, dans l'énumération des attributs et influences qu'il accorde au monde gouverné par Anaël.

Quoi qu'il en soit de notre critique, qui ne porte atteinte ici ni à l'ensemble du système ni à la bonne foi de l'auteur, Trithème ajoute :

« Cette période cessa au huitième mois de l'an du monde 708, c'est-à-dire le 25 octobre de cette même année.

« Alors commença le règne de Zadkariel, l'ange de Jupiter, sous l'empire duquel les hommes se prirent à connaître le prix de la propriété, à se disputer la possession des champs et des habitations. Ce fut l'époque de la fondation des villes et de la circonscription des Etats : la civilisation et la guerre en furent les conséquences. »

« Ensuite le besoin du commerce, des échanges de peuple à peuple se fit sentir, et l'an du monde 1063, le 24 février — *qu'on remarque cette date essentiellement révolutionnaire* — vint le règne de Raphaël, l'ange de la planète Mercure (1), le génie de la science, de l'industrie et du trafic. Alors les lettres furent inventées, l'intelligence de l'homme se développa.

« La première langue écrite fut hiéroglyphique et universelle.

(1) Il est à remarquer que, dans la mythologie païenne, Mercure préside aussi au commerce — ce qui indiquerait que le système soi-disant inventé par le bénédictin Trithème était connu des anciens et qu'il ne l'a pas tiré de son propre fond.

Le livre d'Hénoc — fils de Caïn — c'est-à-dire la Genèse primitive du Sohar, la clef ou clavicule adoptée par Salomon, fut le seul monument écrit qui resta de cette période. C'est d'elle que datèrent aussi l'invention des arts et les premiers essais de navigation. Alors les rapports sociaux s'étendirent — les besoins se multiplièrent.

« Puis arriva, le 26 juin de l'an du monde 1417, le règne de Sammaël *(Satan)*, l'ange de Mars ou plutôt de la Terre (1), époque de la corruption générale des hommes et du déluge universel.

« A la suite d'une longue défaillance, triste conséquence de la faute, c'est-à-dire de la désobéissance inspirée à nos premiers parents par *Satan*, le génie du mal, le monde s'efforça de renaître sous Gabriel, l'ange de la lune, dont le règne commença le 28 mars de l'an du monde 1771.

Alors la famille de Noé sortit de l'arche et se multiplia; Sem Cham et Japhet repeuplèrent les continents.

(1) D'après les plus anciennes traditions hébraïques et théologiques, Sammaël, l'archange déchu, avait reçu de l'Eternel le gouvernement de la terre. Après sa chute — due à son orgueil et à sa révolte — Sammaël fut précipité au fond de la planète, et il règne aujourd'hui dans l'Enfer, sur les damnés, sans avoir perdu son pouvoir sur l'homme dont il est le plus terrible et le plus implacable ennemi.

La planète Mars étant celle qui ressemble le plus à la Terre, il est possible que l'archange Sammaël ait aussi gouverné Mars.

Après la confusion de Babel, cette famille se dispersa sur toute la surface du globe et se perpétua jusqu'au jour où régna Mikaël *(Michel)*, l'ange du Soleil, le 24 février *(date fatidique)* de l'an du monde 2126. C'est à cette date qu'il faut ramener l'origine des premières dominations parmi les hommes, les premiers conflits entre l'autorité et la liberté, représentés dans les mondes supérieurs par la lutte entre Mikaël et Sammaël *(Michel et Satan)*, par la victoire des bons sur les mauvais anges.

Avant d'aller plus loin, nous devons faire observer que cette hiérarchie des forces célestes, appliquées par Trithème aux principales planètes connues de son temps, ne peut pas être d'une exactitude rigoureuse, d'une précision absolue. — Depuis le xvie siècle, de nouvelles sphères ont pris place dans notre système solaire : Uranus, découverte par G. Herschell — Neptune, par Leverrier — Vesta et plusieurs autres planètes, ont augmenté le nombre des reines du ciel astronomique. Mais les prophètes théologiens ne seraient sans doute pas plus embarrassés que les cabalistes pour trouver dans l'histoire céleste des noms d'anges ou de génies à donner aux sphères récemment découvertes, et même à celles qui restent à découvrir encore, car Kircher compte soixante-douze de ces génies, aujourd'hui sans emploi bien déterminé ou du moins hautement avoué. Nous avons nous-même en ce moment sous les yeux le Traité d'un magiste célèbre (Lenain), qui signale les noms de ces soixante-douze êtres intermédiaires entre Dieu et l'homme. Dans ce Traité, l'auteur développe avec aplomb et avec une science assurément fort grande, mais à nos yeux fort hypothétique pour ne pas dire imaginaire, les attributs et l'influence de ces demi-dieux sur l'existence et la destinée humaines. Nous regrettons qu'il ne nous soit pas permis d'en dire aujourd'hui davantage sur cette étrange théogonie : nous en parlerons peut-être un jour dans un ouvrage spécial.

En attendant, revenons à Trithème.

Le savant bénédictin poursuit son intéressante étude à travers les âges et montre, au retour des périodes ou cycles révolus dans le temps, la même succession de ruines, de civilisations renaissantes, d'empires cu butés, rétablis, agrandis, puis de nouveau détruits par la guerre, ensuite réparés, restaurés par une civilisation nouvelle et progressive, et enfin absorbés par des empires plus grands ou plus puissants. C'est toute une synthèse de l'histoire du monde depuis la création.

On ne saurait refuser à cette étude de cosmologie sociale un caractère sérieux. Elle est marquée du sceau d'une haute observation historique et scientifique. Bossuet a accompli à ce point de vue le même travail, mais celui de Trithème est peut-être plus universel et plus indépendant. C'est, dit son commentateur, « une clef absolue de la philosophie « de l'histoire du monde, une révélation grandiose « de l'inévitable retour des choses d'ici-bas. »

Les calculs rigoureux de Trithème l'ont conduit jusqu'au mois de novembre 1879 qui était bien, en effet, la date assignée à la fin du 1er septennat présidentiel de la République actuelle. Mais cette date est maintenant dépassée, en sorte que, si la période du 2e septennat devait amener dans son cours un nouvel ordre de choses dont la date de 1879 aurait été le signal, nous toucherions aujourd'hui à de graves événements, c'est-à-dire aux commotions inséparables de la rénovation politique et sociale annoncée par le retour du monde au règne de Mikaël, l'ange du Soleil ; nous toucherions à la « *fondation d'un royaume universel préparé par* « *plusieurs siècles d'angoisses, d'enfantement et* « *d'espérances.* »

La tournure que prennent les choses en ce moment semble donner un certain poids à cette prédiction.

D'un autre côté, il est évident que les derniers siècles écoulés répondent parfaitement, quant à la durée et au caractère des périodes ou cycles parcourus, à ce que nous ont appris les époques du moyen âge, de la Renaissance, et de l'ère révolutionnaire qui est en train de finir.

Ainsi, voici, pour le moment, le fait digne d'attention : D'après les calculs du savant et croyant observateur Trithème, nous ne serions pas loin d'assister à l'inauguration de l'empire universel, à cette heure même en formation. (1)

Cet empire, *monarchique ou républicain* (la question est réservée) apportera au monde, dit notre prophète, une paix de 354 ans et 4 mois. Il sera à la fois politique et religieux, et donnera une solution à tous les problèmes sociaux agités de nos jours.

Poursuivant dans leur ordre naturel ses prévisions de l'avenir, Trithème voit revenir, au bout de cette période heureuse, le règne d'Oriphiel, c'est-à-dire une nouvelle ère de ruine, de silence et de nuit; car « l'esprit et les mondes se meuvent éter-
« nellement en cercles ou cycles identiques. »

Le prochain empire universel, le seul dont nous ayons à nous occuper comme étant le plus intéressant pour notre génération et celles qui la suivront, placé — avons-nous dit — sous la domination occulte de Mikaël, l'ange du Soleil, « *appar-*
« *tiendra forcément à celui qui tiendra les clefs*
« *de l'Orient que se disputent les princes des*
« *quatre parties du monde. Mais l'intelligence et*
« *l'action étant, dans les sphères supérieures, les*

(1) Voir, à l'Appendice, la note D.

« *forces qui gouvernent le Soleil, la nation qui,*
« *sur la terre, a l'initiative de l'intelligence et du*
« *mouvement aura aussi les clefs de l'Orient et*
« *fondera elle-même le royaume universel. Peut-*
« *être aura-t-elle à subir pour cela une croix et un*
« *martyre analogues à ceux de l'Homme-Dieu ;*
« *mais morte ou vivante parmi les nations, son*
« *esprit triomphera, et tous les peuples du monde*
« *finiront par reconnaître et par suivre l'étendard*
« *de la* FRANCE, *victorieuse toujours ou miracu-*
« *leusement ressuscitée !* »

Voilà ce que prophétisait Trithème au XVIe siècle.

La première partie de cette étonnante prophétie, « *la croix et le martyre,* » s'est réalisée, hélas ! en 1870.

La seconde partie, « *la France victorieuse ou miraculeusement ressuscitée,* » se réalisera-t-elle d'une manière aussi précise ?

L'avenir nous édifiera sur ce point.

Jusqu'ici, en ce qui concerne l'Orient, l'Angleterre paraît être cette nation « *de l'intelligence et du mouvement* » dont parle Trithème. C'est elle, dans tous les cas, qui, ayant « *l'initiative et l'action,* » semble tenir en mains — véritablement — « *les clefs de l'Orient.* »

L'avenir donc nous apprendra laquelle des deux nations — l'Angleterre ou la France — l'emportera définitivement dans la lutte qui se prépare et dont le bombardement d'Alexandrie et l'occupation de l'Egypte ne sont que le prologue.

Quoi qu'il en soit, les termes de cette prédiction sont frappants. Tout cœur français doit s'en émouvoir et s'en fortifier.

Une autre prophétie, cosmique et astronomique, mais en contradiction avec celle qui précède, préoccupe, à l'heure qu'il est, beaucoup plus que la prédiction de Trithème les gens qui croient voir dans le rapprochement de certaines dates avec la fête de Pâques le signe d'un événement considérable.

Cette fois, il ne s'agit de rien moins que de la fin du monde, si souvent annoncée et sans cesse reculée.

Mais pour nous, comme pour le moine du XVIe siècle, la fin du monde signifiant tout simplement la *fin d'un monde,* c'est-à-dire le passage d'un cycle à un autre cycle qui doit entrainer, nous l'avons vu, des conséquences politiques et sociales nouvelles, nous ne nous inquiéterons pas autrement de la singulière coïncidence que voici :

« On sait que le 24 avril n'est pas la dernière limite de la fête de Pâques. Elle peut aussi tomber le 25e jour de saint Marc. Dans ce cas, le Vendredi-Saint tombe le jour de saint Georges et la Fête-Dieu le jour de saint Jean-Baptiste.

Cette coïncidence fort rare a donné lieu à une très ancienne prédiction, formulée par le quatrain suivant :

> Quand Georges Dieu crucifiera,
> Que Marc le ressuscitera
> Et que saint Jean le fêtera,
> La fin du monde arrivera.

Or, les trois premières propositions se réaliseront en 1866.

Qu'en sera-t-il de la quatrième ?

La fin du monde arrivera-t-elle en 1886 pour donner raison à ces découragés de la vie qui, dans leur infirmité morale et leur philosophie sans espérance, répètent avec le poète épicurien qui fut leur maître et leur ami :

> Finissons-en, le monde est assez vieux !

Certes, une pareille conclusion ne saurait être la nôtre, nous aimons croire à la vitalité, sinon à l'éternité du monde. Nous pensons que la nation française n'a pas dit son dernier mot et qu'elle a encore quelque chose à apprendre, quelque bon exemple à donner aux peuples qui ont foi en elle.

Nous sommes donc pour la prophétie de Trithème, et si, comme nous l'espérons, elle doit s'accomplir dans le sens qu'il lui a donné, nous voulons que la France vive pour qu'elle puisse jouir, au moins pendant 354 ans et 4 mois, des jours heureux que cette prophétie consolante promet à l'humanité.

DU TRAVAIL

DES FEMMES

DU TRAVAIL DES FEMMES

I

Le congrès des ouvriers avait, il y a quelques années, placé en tête de son programme une question qui s'agite depuis longtemps dans le monde civilisé, — nous dirons même une des questions dont la solution nous paraît la plus intéressante et la plus importante, parce qu'elle touche à la fois à la morale et au cœur de l'humanité : — la question du travail et du salaire des femmes.

Déjà, sous le second Empire, l'Académie de Lyon avait mis cette question au concours, et elle avait offert un prix de douze cents francs à l'auteur du meilleur mémoire qui lui serait adressé sur ce sujet dont l'opportunité n'a pas cessé, et dont elle posait ainsi les termes :

« Etudier, rechercher, — surtout au point de vue moral, — et indiquer aux gouvernants, aux administrateurs, aux chefs d'industrie et aux particuliers, les mesures les plus pratiques :

« 1º Pour élever le salaire des femmes à l'égal de celui des hommes, lorsqu'il y a chez elles égalité de service ou de travail ;

« 2º Pour ouvrir aux femmes de nouvelles carrières et leur procurer des travaux qui remplacent

« ceux qui leur sont successivement enlevés par la
« concurrence des hommes et la transformation des
« usages et des mœurs. »

Nul doute que ces questions aient été traitées avec vigueur et avec succès par un grand nombre d'économistes et de moralistes ; pourquoi leurs mémoires n'ont-ils pas reçu toute la publicité qu'ils méritaient ? C'est que, malheureusement, les travaux de nos Académies provinciales (1) sont condamnés, dès leur naissance, à l'ombre et à l'oubli ; c'est que, jusqu'ici, Paris semble s'être seul attribué le monopole des grandes idées et des hautes questions économiques et sociales. Ce que nous croyons savoir, toutefois, c'est que tous les écrivains qui ont abordé ce grave sujet ont été d'accord pour reconnaître que la femme à laquelle manque un soutien de famille, un patrimoine ou une alliance légale, gagne à peine son pain quotidien ; c'est qu'ils ont constaté que beaucoup d'industries ou de fonctions qui pourraient être exercées par des femmes sont aujourd'hui confiées à des hommes. Ils nous ont appris que, dans les grandes villes, notamment, ce sont les hommes qui fabriquent les modes, les dentelles, les nouveautés dites confections ; qui

(1) Voy. : notre Etude sur « les Académies provinciales et l'Enseignement supérieur. » (Revue littéraire de l'Ain, novembre et décembre 1876 ; l'Artiste, octobre et novembre 1876.)

tiennent des ouvroirs, des comptoirs, des ateliers
de broderies, des caisses; qui occupent, en un mot,
la plupart des positions sédentaires et calmes, plus
particulièrement destinées, par leur nature, à être
du domaine des femmes : — Institutions de jeunes
filles — direction d'écoles, de salles d'asile —
bureaux de poste — télégraphes — comptoirs —
caisses — ateliers de travaux d'aiguille — recettes
de chemins de fer — gardes-barrières ; — il est
certain que les femmes peuvent remplir convenablement ces fonctions. Il est même certain qu'elles en
rempliraient beaucoup d'autres encore, et que la
plupart s'en acquitteraient aussi bien, sinon mieux
que les hommes, si elles possédaient l'instruction
et les connaissances préalablement nécessaires.
Mais on ne pourrait obtenir ce résultat qu'en
modifiant de fond en comble l'éducation de la plus
belle moitié du genre humain. Or, nous avouerons,
pour notre part, qu'il nous est profondément triste
et douloureux de penser que cet être faible et charmant qu'on appelle la femme, et qui doit rester
l'idéal de l'homme, pourrait être martyrisé au point
de devenir la proie des cuistres dans son enfance,
et plus tard un instrument *utilitaire;* qu'au lieu de
faire la joie, les délices et la consolation de sa maison, la femme devra, comme l'homme, se livrer à
des travaux qui énervent ou abrutissent son intelligence, après avoir fatigué son corps.

Il nous paraît donc que le point de vue doit être tout d'abord déplacé, et que la première proposition à examiner est celle-ci :

La femme a-t-elle été créée et mise au monde pour travailler d'un métier et pour gagner comme l'homme un salaire ?

Il y a plus de quarante ans qu'on parle, en France, de l'affranchissement de la femme — comme si le christianisme n'avait pas produit cette œuvre immense — et qu'on crie sur les toits que la femme « est l'égale de l'homme. » La grande découverte, en vérité ! Comme s'il n'était pas avéré et reconnu depuis des siècles que, non-seulement la femme est l'égale de l'homme, mais qu'elle lui est, sous certains côtés, supérieure, puisqu'elle est destinée à devenir sa mère et son institutrice. — Epouse et maîtresse enseignante, voilà, certes, deux attributs qui sont un signe évident d'égalité, voire même de supériorité. Des philosophes, des penseurs, qui n'étaient pourtant pas les adeptes des doctrines de Bazar ou du père Enfantin, ont souvent répété « que la position de la femme — inférieure et de « plus en plus précaire, relativement à celle de « l'homme, position si contraire à la justice et à la « dignité humaine — était la source d'une foule de « désordres moraux et physiques, auxquels il était « urgent d'apporter un remède, en développant « chez la femme l'instruction professionnelle, etc. «

D'où il faudrait sans doute conclure que la colonne serait plus solidement assise sur sa base, et que tout serait pour le mieux, dans le meilleur des mondes, si les femmes allaient au collège, si elles apprenaient le latin, si elles étaient reçues bacheliers ou docteurs, et si elles pouvaient arriver conseillers d'Etat, directeurs généraux, ministres du commerce, de l'agriculture et des travaux publics.

Si l'on admet une fois l'égalité de la femme, ainsi entendue, c'est évidemment le bouleversement radical de notre état social actuel qui doit en être la conséquence. Mais y avez-vous bien sérieusement songé, ô hommes inconsidérés que vous êtes ? Vous voulez vous américaniser au point de faire de vos filles des caissiers de maisons de commerce, des contre-maîtres de fabriques, des employés de banque, des chefs de gare, que sais-je ? Mais, dans leurs jours de folie et d'ivresse, dans les prédications les plus osées de Ménilmontant, les disciples de Saint-Simon n'ont jamais été si loin ! Nous avons sous les yeux un article du *Globe*, du 22 février 1832; nous allons en extraire un passage et vous reconnaîtrez, après l'avoir lu, que les doctrinaires de la rue Monsigny étaient véritablement plus raisonnables, plus sensés que nous, qui tendons aujourd'hui, non pas vers l'affranchissement de la femme, mais vers son esclavage; car en rivant la femme, la mère de nos enfants, aux chaînes d'un métier, aux exigences journalières d'une profession, en fixant ses mains délicates aux durs étaux du travail pour vivre, nous contrarions l'accomplissement de ses devoirs naturels, nous entravons sa destinée sociale, nous lui dénions sa mission exclusive d'institutrice de la famille.

« Nous aussi, disait, en 1832, le prédicant de
« l'Eglise de Toulouse — c'est ainsi qu'ils s'intitu-
« laient — nous aussi, nous avons cru à l'inégalité
« naturelle, éternelle de l'homme et de la femme.
« Nous avons cru qu'elle n'était dans les mains de
« l'homme qu'un instrument qu'il pouvait faire ré-
« sonner selon son caprice, un jouet qu'il pouvait ca-
« resser et briser à son gré : nous n'avons pas tou-
« jours éprouvé une généreuse indignation pour tant
« d'existences de femmes flétries et brisées ; nous
« n'avons pas toujours gémi de cette odieuse profa-
« nation de la beauté, de la jeunesse, de l'innocence.

« Gloire à ceux qui nous ont rendus plus justes
« et meilleurs en nous éclairant, qui nous ont ren-
« dus plus heureux en nous révélant la plénitude
« de la vie, qui n'est pas dans l'homme et la femme
« isolés, mais dans l'égalité de l'homme et de la
« femme religieusement unis par le cœur !

« Tant que la force brutale et le hasard aveugle
« se sont partagé l'empire du monde, tant que
« l'homme n'a connu de droit que celui du plus
« fort, il n'a pas demandé à la femme l'appui de

« son faible bras ; le fort a fait la loi au faible.
« Mais le règne de la violence est à sa fin ; à la
« force brutale, au hasard aveugle succèdent la
« tendresse prévoyante et l'autorité paternelle ; alors
« l'homme sentira la faiblesse et l'impuissance de
« son isolement, et tendant la main à la femme,
« son égale, il lui demandera l'appui de son amour.

« Harmoniser, lier, inspirer, voilà sa tâche,
« aussi grande que celle de l'homme, qui pousse la
« société vers son but, qui effectue et règle le pas-
« sage du présent à l'avenir. »

Ainsi, en proclamant l'affranchissement de la femme par l'amour et non par le travail, lot qu'elle semblait réserver exclusivement à l'homme, remarquez-le bien — la doctrine saint-simonienne, qui errait dans l'application parce qu'elle ne reconnaissait d'autre sanction à l'union des deux sexes que l'amour lui-même — cette doctrine avait posé de nouveau le grand principe, le dogme vivifiant de toute société. Seulement, en exaltant ainsi la femme, en faisant un appel chaleureux à ses instincts d'indépendance, les casuistes de la rue Monsigny avaient oublié la mère, ou du moins, ils l'avaient reléguée au second plan sans définir nettement sa mission. Ils n'avaient pas satisfait dès lors à toutes les conditions, à toutes les exigences d'une société véritablement religieuse et morale, et c'est par là que la secte devait périr.

II

Considérant donc la femme comme destinée à devenir mère, c'est-à-dire comme absolument désignée dans l'ordre naturel pour être la nourrice et la première institutrice de la famille, nous dirons :
« En créant à l'artisan, à l'employé, une concur-
« rence dans la femme salariée, ne risquons-nous
« pas d'éteindre cette flamme qui rayonne des yeux
« et du cœur de la femme pour éclairer l'homme,
« pour lui rendre plus facile et plus doux le chemin
« de la vie ? En faisant de la femme un frère en
« franc-maçonnerie, un ouvrier compagnon, ne ris-
« quons-nous pas de retirer à l'homme une com-
« pagne ? » Ceci est sérieux — il faut y réfléchir — vous allez briser peut-être le dernier lien, l'anneau qui unissait la dualité humaine ; vous allez porter le dernier coup à l'amour, cette *loi des lois*, comme l'appelle le poète, l'amour ! que la jeunesse du siècle ne connaît même plus ! Vous allez porter le dernier coup à l'abnégation, au dévouement, au sacrifice, en introduisant l'antagonisme où devait sourire la paix, la mésintelligence où devait régner l'harmonie ! Vouloir élever le salaire de la femme à l'égal de celui de l'homme et lui créer une place aussi vaste que celle qu'occupe l'homme dans la hiérarchie industrielle, commerciale ou professionnelle, c'est

mettre la femme dans l'impossibilité de remplir ses devoirs de mère; c'est détruire non-seulement l'attrait de la vie de famille, mais l'institution sociale elle-même; c'est créer à l'infini les crèches, les hôpitaux, les maisons de refuge, les salles d'asile. Or, la crèche et la salle d'asile remplaceront-elles jamais pour l'enfant le giron maternel? L'hôpital et la maison de refuge vaudront-ils le toit de l'époux pour ces femmes qu'un travail mieux rétribué peut-être, mais continuel, mais sans trêve ni répit, aura condamnées à la perpétuité de l'isolement, s'il ne les plonge pas — ce qui serait plus à craindre et plus redoutable encore — dans les désordres de la plus honteuse promiscuité?

Les conséquences morales de l'élévation de prix du travail des femmes et la parité de salaire à établir pour les deux sexes, qui pourrait les prévoir? Elles amèneront forcément le déplacement des pôles et des horizons sociaux.

L'Amérique, où ces idées commencent à être en honneur, nous en fournit la preuve. L'élévation du salaire des femmes, en les détournant par l'attrait de l'indépendance et du lucre de tout instinct, de tout penchant honnête, fait place dans leur cœur, ou plutôt dans leur tête, à des sentiments extravagants, aux idées les plus excentriques et les plus subversives. Pour elles, la vie n'est plus qu'un carnaval, et il ne saurait en être autrement quand les rôles sont intervertis, quand la femme n'est plus qu'un personnage déguisé en homme. Déjà n'avons-nous pas vu, en Angleterre, des femmes réunies en club et vêtues d'habits masculins, proscrire, par serment et à tout jamais, les grâces et les ornements de leur sexe?(1). Ailleurs, c'est Mme Branch, une Illinoise ou Missourienne quelconque, qui nous dit :

« Je n'ai pas peur de regarder la question du
« mariage en face et de dénoncer cette institution
« comme la seule cause de la dégradation et de la
« misère de la femme. C'est au mariage que la femme
« est redevable de ses tourments, de son esclavage,
« de son cœur brisé. Vous dites que la femme a droit
« au travail, droit à enseigner, droit à voter, droit à
« se marier, mais vous ne dites rien des droits pour
« la femme d'aimer quand il lui plaît, où il lui plaît
« et celui qui lui plaît. »

Voilà ce qui se profère en Amérique et dans tous les pays protestants ou non catholiques, par la bouche de la femme libre, libre d'enseigner, de voter, de se marier librement, c'est-à-dire sans lien moral ou religieux, sans la sanction divine qui seule garantit à l'homme la fidélité de sa femme,

(1) Au point de vue des doctrines les plus subversives, Louise Michel et ses compagnes ne le cèdent pas, en France, aux viragos les plus effrontées de l'Angleterre et de l'Amérique.

son bonheur, l'avenir de sa famille, le sort de ses enfants ! Voilà ce qui se prêche publiquement à New-York, à Washington, à Philadelphie, à Sidney, à Melbourne, aux applaudissements d'un peuple que régissent des institutions fédérales et humanitaires !

Au surplus, il y a longtemps que l'industrialisme et le mercantilisme ont matérialisé l'Amérique ; mais si, de l'autre côté de l'Atlantique, la femme a pris ce ton et ces allures, sachons l'en préserver chez nous. Pour cela, idéalisons la femme au lieu de la matérialiser; répétons même dans cette intention à nos fabricants, à nos chefs d'industrie et d'ateliers, à nos artisans de tout état et de toutes œuvres, ces belles paroles qu'un prince français (1) faisait entendre autrefois dans un de nos concours provinciaux :

« Si l'industrie, disait-il, substituant la machine
« au bras de l'homme lui permet de relever son
« front que courbait un pénible labeur, c'est pour
« qu'il puisse porter son regard plus loin. Que vos
« enfants, que vos jeunes générations, pour l'avenir
« desquels nos pères ont prodigué leur sang, soient
« préservés, par une éducation forte et libérale, du
« poison mortel du matérialisme ; que le bien-être
« ne soit pour eux que le moyen d'affranchir l'es-

(1) Napoléon (Jérôme.) Discours à l'Exposition de Limoges (1858).

« prit et de lui rendre toute sa liberté ; que l'art, la
« science, la philosophie, ne cessent de planer au-
« dessus du monde industriel qui, sans leur inspi-
« ration, s'asservirait à la matière au lieu de la
« dominer. — Cultivez dans vos artisans le côté de
« leur profession qui les rapproche des artistes,
« dans vos industriels celui qui les rapproche des
« savants. Que les favorisés de la fortune ne lais-
« sent pas s'affaiblir en eux le besoin des jouis-
« sances intellectuelles, le goût des lettres, des arts,
« et de ces hautes spéculations de la pensée sans
« lesquelles s'éteint bientôt, au sein des sociétés,
« la vie politique, religieuse et morale. A ces con-
« sidérations seulement, nous assurerons la durée
« des grandes conceptions de notre siècle. Si les
« jouissances matérielles devenaient l'unique mo-
« bile de notre société, elle ne tarderait pas à s'en-
« foncer dans les ténèbres où ont disparu les
« peuples qui ont méconnu le côté moral de la civi-
« lisation. »

Ce qui se disait en 1858 aux industriels, disons-le
aujourd'hui aux économistes : si vous matérialisez
la femme en étendant pour elle le cercle des travaux manuels, des emplois et des salaires, vous
ôterez immanquablement à une foule de jeunes
filles l'envie de devenir épouses légitimes, car elles
puiseront dans l'indépendance de leur position un
sentiment nouveau de liberté qui, vicié par le défaut

d'éducation, les portera à n'écouter que leurs penchants naturels, sans règle, sans limites, sans sanction légale ni morale. Chez les femmes mariées, — en excitant la cupidité, l'ardeur du gain, vous les éloignez de leur rôle de mère, vous les empêchez de remplir convenablement leurs devoirs envers leur famille; vous détruisez peu à peu les liens qui unissent les enfants aux parents. Or, je ne sais si la pauvreté sympathique et aimante ne vaut pas mieux encore que l'aisance, que la richesse amenant avec l'indifférence au sein de la famille, la sécheresse du cœur, peut-être même la haine avec l'envie?

III

Il s'agit donc bien moins, à notre avis, d'augmenter, avec le salaire, le nombre des femmes capables de pourvoir à leur existence par un métier, une fonction, un emploi, que de déterminer les catégories de travaux qu'il peut être urgent et convenable de laisser aux femmes, lorsqu'elles se trouvent réduites par la misère, l'abandon ou le défaut de famille, à gagner leur pain. Il s'agit bien moins, par conséquent, de multiplier les classes industrielles en leur créant dans la femme une concurrence, que de moraliser ces classes et de les amener, par une combinaison financière ou administrative quelconque, à généraliser parmi elles l'état de mariage. Déjà, on a beaucoup fait dans ce sens en appliquant à certaines classes de déshérités une série de mesures législatives, au nombre desquelles se placent en première ligne les secours mutuels et l'assistance judiciaire; toutefois, il reste encore beaucoup à faire; la question que nous agitons en ce moment le prouve surabondamment; mais à quel terme doit-elle aboutir? Répétons-le : à l'exaltation du mariage qui est encore la meilleure des coopérations, l'association la plus féconde et la plus naturelle — car c'est dans cet état légal que l'ouvrier comme le bourgeois, le pauvre comme le riche, doivent trouver leur refuge, leur repos, et la somme de bonheur intime nécessaire à l'homme ici-bas. (1)

La destinée de la femme ne fut pas — *ab principio* — d'aider l'homme dans son travail manuel, de concourir avec lui aux rudes labeurs de la vie, auxquels se refuse d'ailleurs sa faiblesse, mais de remplir son cœur de joie et les échos de sa maison de doux murmures. Les consolations, les douceurs morales, la poésie de la famille et du foyer, voilà ses instincts, ses ressources, son apanage à elle, qui ne vivrait volontiers que de sentiments et d'émotions sympathiques, si la société et l'éducation lui fournissaient toujours les moyens de cultiver les plus hautes facultés de son âme.

Résumons-nous : la question du travail des femmes est une question complexe, qui touche aux considérations les plus sérieuses où sont engagés l'avenir, le bonheur de l'homme, la stabilité de la

---

(1) L'ivrognerie chez les hommes, l'amour de la toilette et du luxe chez les femmes, sont les causes principales de la démoralisation des masses ouvrières en France. Nous parlons ici des ouvriers déraisonnables et sans notions justes sur les nécessités domestiques, dans l'état du mariage. Quant aux ouvriers sages qui ont des instincts de famille et veulent se marier — au taux élevé des salaires d'aujourd'hui, ils pourraient facilement le faire, et en plus grand nombre sans doute, s'ils ne craignaient dans leur intérieur normal, autant que dans leur état de concubinage

famille ; une question qui embrasse tout un cercle de devoirs et de rapports sociaux d'un intérêt puissant et permanent. Le congrès des ouvriers de 1876, pas plus que tous les congrès ou comités formés depuis lors, ne nous ont paru avoir mis en lumière aucun génie capable de la résoudre. Elle reste donc, jusqu'à nouvel ordre, du domaine exclusif des penseurs, des philosophes et des économistes. Elle offre toujours aux disciples de Malthus et de Cobden, comme aux adeptes des doctrines les plus orthodoxes, un de ces vastes champs ouverts à la discussion, où la civilisation et le progrès donnent rendez-vous à toutes les idées humanitaires, qu'elles soient pratiques ou réalisables ou tout simplement des utopies non viables. Nous n'avons pas la prétention d'avoir découvert la panacée si généralement recherchée pour porter remède au mal dont se plaignent les classes ouvrières ; mais si l'on ne veut pas dépasser le but, cette question

ou de célibat, les entraînements de la mode chez les femmes, et leurs propres entraînements de café, de cercle ou de cabaret, auxquels ils ne veulent pas renoncer. Les ouvriers qui, à l'heure qu'il est, quel que soit leur métier, gagnent beaucoup plus que certains fonctionnaires, tenus plus qu'eux à des frais d'extérieur et de représentation, devraient — pour régler la marche de leur ménage — prendre modèle sur les employés. Mais tous les ouvriers veulent devenir patrons, tandis que les employés savent bien qu'ils ne peuvent pas tous parvenir au grade de chef de bureau.

du travail et du salaire des ouvriers des deux sexes nous semblerait pouvoir se réduire à trois ou quatre articles d'un décret ou d'une loi qui, analogue à celle qui a réglé le travail des enfants dans les manufactures, déterminerait :

1º Les professions ou emplois dévolus aux femmes et dont il y aurait convenance à écarter absolument les hommes ;

2º La fixation d'un minimum de salaire par journée de travail pour chaque ouvrier des deux sexes ;

3º L'élévation du salaire des travailleurs au moyen de tontines ou caisses de boni, fondées dans tous les établissements industriels et dont la verrerie de Baccarat, entr'autres, peut fournir le modèle ; (1)

4º La dotation ou prime allouée — soit par l'Etat — soit par les établissements industriels eux-mêmes — au moyen d'un fonds spécial provenant de retenues ou de souscriptions volontaires, à tout ouvrier célibataire prenant pour femme une fille pauvre ou dépourvue d'une éducation professionnelle rentrant dans les dispositions de l'article 1er. On objectera peut-être que nous arrivons par là à une intervention directe de l'Etat. Mais nous répondrons que la question étant véritablement sociale,

(1) Voy. : à l'Appendice, la note E.

l'Etat a intérêt à intervenir, et que c'est même sa mission.

Il n'est pas difficile de prévoir, d'ailleurs, qu'un jour viendra où, à peu près seul possesseur des voies et moyens de transport et ayant ainsi à sa disposition des capitaux, des ressources et une action immenses, l'Etat sera par la force des choses le premier et le plus puissant régulateur dans les questions de travail, de salaire et de concurrence, au milieu desquelles se débattent aujourd'hui l'industrie et les entreprises particulières.

Aussi, quand les ouvriers veulent résoudre toutes ces graves difficultés par eux-mêmes, c'est-à-dire en se fiant à leur propre intelligence et à leurs propres forces, ils n'aboutissent à rien ; — ils font preuve, en outre, de plus d'inexpérience que de prévoyance et de savoir.

DE LA
PEINE DE MORT

DE LA PEINE DE MORT

Puisque, sans cesse renaissante, elle ne paraît pas avoir épuisé toutes les ressources des sophistes, ni brisé dans leurs mains les armes de l'illogisme et de la déraison, cherchons une des faces multiples de cette intéressante question qui n'ait pas encore été aperçue ni débattue, et occupons-nous de trouver des arguments pour la défendre; car cette question n'est pas seulement, à notre sens, une question de vie et de mort terrestres, elle touche à la fois aux intérêts sociaux de l'humanité et à ses intérêts divins. Voilà qui va paraître sans doute étrange aux rationalistes, aux positivistes, aux matérialistes et autres publicistes qui, généralement, affectent de ne pas se préoccuper des affaires du ciel, leur mission étant de se tenir courbés sur ce sol sublunaire dont les biens et les jouissances ont d'ailleurs pour eux un attrait particulier. Nous n'envisagerons donc pas la question de la peine de mort au point de vue de la politique, comme l'a fait un jour M. Jules Favre qui prêchait particulièrement pour son saint, nous essaierons de traiter cette formidable question au point de vue social et religieux; car on a beau s'ingénier à vouloir séparer ces deux éléments essentiels d'une société qui veut vivre, — la religion et la morale, — il en faut toujours venir à discuter et à établir la corrélation absolue, nécessaire, qui existe entre ces deux liens, base fondamentale de toute existence nationale.

Nous n'empiéterons sur le droit civil ou criminel, dans la discussion que nous allons aborder, que parce que ce droit nous paraît être ici le corollaire d'une loi plus haute. Au fond, il s'agit de savoir si dans un but de conservation, d'expiation et d'exemple, la société a droit de vie et de mort sur l'homme, comme elle l'a sur le citoyen ; en d'autres termes, s'il lui est permis, religieusement et philosophiquement parlant, aussi bien qu'elle en a le droit juridiquement, de retrancher de l'humanité, au lieu de l'exclure simplement de son sein en le mettant dans l'impossibilité de nuire, celui qui a commis sciemment et avec préméditation le crime d'un effet irrémédiable, absolu, éternel dans ses conséquences terrestres, qu'on nomme le meurtre ?

« Œil pour œil, dent pour dent », a dit l'Ecriture. Or, c'est à ces termes précis qu'il faut ramener selon nous cette grande question. Nous l'envisagerons dans ses prémisses comme dans ses conséquences, dégagés que nous sommes de toute idée préconçue, de tout parti-pris, blanc, bleu ou rouge; ne la considérant que sous son côté élevé et biblique, qui est encore, en définitive, la plus puissante garantie de vérité et de justice pour l'exercice d'un pouvoir dont le corps social a reçu primitivement de Dieu lui-même l'imprescriptible et immuable délégation.

Examinons premièrement les objections présentées en faveur de l'abolition de la peine de mort :
« Retrancher de l'humanité, a-t-on dit, au lieu de
« retrancher de la société, ce n'est plus exercer un
« droit social; c'est usurper un droit divin; c'est
« non pas anéantir un ouvrage de Dieu, cela est
« heureusement impossible à l'homme, mais c'est
« envahir sa providence et sa compétence; c'est
« briser sous ses yeux un anneau de cette grande
« chaîne qu'il a formée pour des desseins bien au-
« dessus de notre intelligence. Or, commettre une
« pareille infraction aux lois de Dieu, c'est une bien
« grave usurpation; c'est un sacrilège, un crime
« de lèse-majesté divine, ou alors il n'y a pas de
« sacrilège, il n'y a pas de crime de lèse-majesté
« divine. La peine de mort appliquée par la société
« aux membres dont elle se compose — ajoute-t-on
« — est un *suicide permanent* : ce serait se mon-
« trer, à l'égard d'une pareille énormité, d'une
« indifférence honteuse que de persévérer à la
« maintenir dans notre législation. »

Nous sommes heureux de voir nos contradicteurs tenir compte de Dieu dans cette affaire, admettre son existence, sa providence et son intervention, admettre dès lors la révélation et la Bible, en craignant qu'il y ait de la part de l'homme sacrilège, usurpation, crime de lèse-majesté divine, s'il raccourcit un scélérat ; mais nous sommes loin, pour notre compte, de partager les appréhensions sentimentales, les scrupules délicats de nos contradicteurs, car nous nous croyons parfaitement à l'abri derrière le texte du *Deutéronome* — chapitre xix, — qui est la parole même de Dieu, et qui est ainsi conçu : « Lorsqu'un homme qui haïra son « prochain lui aura dressé des embûches, qu'il se sera élevé contre lui et l'aura frappé à mort, et qu'il se sera enfui dans une ville, alors les anciens de « sa ville l'enverront tirer de là et le livreront entre « les mains du garant du sang, *afin qu'il meure.* »

On ne saurait être plus précis.

Et d'abord, il faut bien reconnaître que, la peine du talion étant admise, cette épée de Damoclès incessamment suspendue sur la tête des méchants, semble, quoi qu'on en dise, un assez sûr moyen de défense — qu'elle est un épouvantail efficace pour l'homme que l'ardeur de ses passions ou sa perversité peuvent pousser au crime. On a beau affirmer que la peur de l'échafaud ne désarme pas le scélérat, qui sait en quel nombre plus considérable se commettraient les meurtres, les empoisonnements et les attaques contre les personnes, si la peine de mort était abolie ; s'il n'y avait plus, en un mot, ni gendarmes ni tribunaux, ce rêve de l'âge d'or des déclassés de tous les pays ? Dans tous les cas, que cette crainte ait pour effet de diminuer plus ou moins le nombre des criminels, là n'est pas précisément la question, bien qu'on puisse dire que la peine de mort n'a pas été inventée pour les bons, mais pour les mauvais de la pire espèce ; n'importe-t-il pas, avant tout, que toute société bien organisée soit purgée de sa lie, comme un vin sain et pur ? qu'elle soit débarrassée des membres gangrenés qui peuvent la corrompre et lui nuire ?

La société, en tant qu'aggrégation d'hommes instituée par une volonté supérieure, la société a reçu de Dieu, lors de sa fondation, la délégation dont nous avons parlé plus haut. Elle a été autorisée dès les premiers âges, par les tables de la loi, à se défendre et à punir, à exercer enfin la peine du talion :

« Si l'accident est *mortel*, tu donneras vie pour
« vie, œil pour œil, dent pour dent, main pour main,
« pied pour pied. » Telles sont les expressions de Moïse dans l'*Exode,* chapitre XXIe, et en édictant ce statut émané d'une inspiration suprême, en traduisant cet ordre divin, Moïse a posé les fondements d'une législation équitable, pleine de bon sens, et éternellement durable parmi les hommes.

Si depuis, les hommes au lieu de se perfectionner sont restés méchants, si leurs mœurs ne se sont pas assez adoucies pour faire un devoir aux législateurs nouveaux de modifier la loi ancienne, il faut s'en prendre à la lenteur du progrès, à la marche tardive de la civilisation, non à la sévérité de l'institution primitive.

Prononcer que la peine de mort est à rayer de nos codes, cela est fort bien comme principe de fraternité et d'humanité ; mais dans l'état actuel de nos mœurs, vouloir la faire disparaître en pratique, ce serait évidemment favoriser ce *suicide permanent* que les partisans de son abolition reprochent à la société vis-à-vis des coupables qu'elle frappe.

C'est ici, d'ailleurs, le lieu de rappeler l'irrésistible argument d'Alphonse Karr, à coup sûr le plus fort et en même temps le plus spirituellement raisonnable qui ait été mis en avant en faveur de la loi : « *Que Messieurs les assassins commencent !* » c'est à la fois logique et charmant !

Ainsi, au point de vue social comme au point de vue légitime et légal, la nation considérée comme famille, comme association solidaire, ayant des intérêts à sauvegarder et des devoirs à remplir vis-à-vis de ses membres, la nation ne s'attribue nullement un pouvoir exagéré ; elle ne commet aucune usurpation en retranchant du nombre des vivants, celui qui, sans circonstances atténuantes (aujourd'hui, du reste, peut-être trop facilement admises par les juges), s'est rendu coupable de mort d'homme. Seulement la société est tenue d'exercer ces terribles représailles, non pas comme une vengeance, non dans un esprit de haine et de cruauté, mais à titre de châtiment et d'exemple. Sa responsabilité est engagée vis-à-vis de ses enfants, vis-à-vis des bons, particulièrement, qu'elle ne peut vouloir livrer en victimes aux méchants.

Considérant maintenant la question au point de vue religieux, il est permis de croire (et ce doit être un article de foi pour tout chrétien), que Dieu rend les arrêts de son propre tribunal dépendants de ceux du tribunal terrestre, quant aux conséquences futures de l'expiation, puisqu'il accorde au repentir la rémission de la faute. La justice humaine, pratiquée publiquement et sous l'œil du Christ, n'est ainsi que le premier degré, que la préparation de la justice divine; elle en est l'instrument matériel et saisissant; mais celle-ci réserve ses grâces et son pardon pour le criminel qui paraît devant elle épuré par le repentir, la douleur et le sacrifice. C'est de cette hauteur à la fois humaine et divine qu'il faut, à notre avis, considérer l'expiation de la peine de mort. Il faut nécessairement, si nous admettons un Dieu personnel et l'homme libre, rattacher le sacrifice de la vie imposé au plus grand des coupables parmi sa race, à une situation subséquente, rationnelle et consolante; il faut, en un mot, envisager la mort juridiquement imposée et subie ici-bas, comme une dernière épreuve terrestre dont le souverain juge tiendra compte au supplicié, car, répétons-le avec conviction, tout se tient dans notre condition humaine, — religion, morale, politique, comme tout doit se tenir dans notre condition d'outre-tombe; — repentir, pardon, récompense, — l'avenir définitif de l'homme est là.

Dans notre opinion, les partisans de l'abolition de la peine de mort partent d'un principe absolument matérialiste ; ils n'envisagent la question que sous son côté sensible et brutal, sans se préoccuper du point de vue philosophique et religieux qui est, en définitive, le plus essentiel en si grave matière.

Ce point de vue est assez pressant et assez nouveau dans le débat pour que nous y insistions :

Oui : la justice des hommes prononce la déchéance *humaine* du coupable, parce que l'homme qui tue est déchu comme le fut Caïn après le meurtre de son frère ; (et ici — convenons que si la Bible n'est qu'une légende, comme le disent les incrédules, cette légende est admirable de grandeur et de bon sens!) — Mais en faisant du même coup paraître devant le Suprême Tribunal le pénitent lavé par l'expiation terrestre, innocenté par les larmes et le repentir, la justice humaine, loin d'usurper la justice de Dieu, met au contraire le Souverain Juge à même, ainsi qu'il en a seul le droit et le pouvoir, de pardonner à Caïn la mort de son frère. Remarquez bien que la société n'a pas à se préoccuper de l'endurcissement ou du repentir, dans le crime de lèse-humanité, elle n'a et ne doit avoir en vue que l'expiation légale. Or, l'expiation, d'après la donnée religieuse, est le chemin du repentir, et le repentir humain est la voie de la réhabilitation céleste. Cela est si vrai que la justice humaine serait sans pouvoir et sans autorité pour réhabiliter, dans notre société actuelle, un coupable qui revivrait après avoir subi le dernier supplice. La conscience et la morale publiques ne répugnent-elles pas déjà à la réhabilitation du galérien qui a fait son temps? Quel est le forçat qui a pu, après avoir subi sa peine, reconquérir l'estime de ses concitoyens? Donc, en s'abstenant de condamner à mort un assassin, un coupable avéré, la société s'arrogerait un droit qui ne saurait lui appartenir, — celui d'innocenter, de pardonner implicitement une faute qui, parmi les hommes, doit s'expier par le talion (suivant la loi du plus ancien comme du plus sage législateur), mais dont la rémission est le privilège de Dieu seul.

Tel est, suivant nous, le côté sous lequel il convient surtout d'envisager la peine de mort. Qu'elle soit abolie en théorie, en politique même, lorsque le sang n'a pas été versé, nous le concédons.

Dieu a dit à l'homme : « *Tu ne tueras point* ».

Il n'a pas dit à la société : « *Tu ne te défendras point : tu pardonneras le meurtre.* » Il lui a formellement recommandé le contraire; et ce sentiment du châtiment, de l'expiation du crime, est tellement instinctif que l'homicide fuit et se cache, parce qu'il sait d'avance que la société lui demandera : « *Qu'as-tu fait de ton frère ?* » parce qu'il sait que son acte provoque une revendication terrible de la part du corps social qu'il a blessé dans la personne d'un de ses membres, dont il a transgressé la loi, dont il a troublé l'ordre et l'harmonie, dont il a encouru la vindicte en même temps que la haine. Et puis : voudriez-vous que celui qui a tué et dont le cœur serait bourrelé de remords portât toute une longue vie sur la conscience et dans son âme, le lourd fardeau du crime ? Voudriez-vous qu'il eût devant les yeux, pendant cinquante ou soixante ans peut-être, le spectre de la victime lui demandant grâce ? Parmi les grands coupables, ceux qui ne sont pas foncièrement pervers, sitôt qu'ils ont été touchés par la grâce du repentir ont un véritable besoin de l'expiation; ils la désirent; ils la réclament; ils l'appellent à grands cris. Ils sentent bien qu'ils n'appartiennent plus à la société; qu'ils ne font plus partie de la famille humaine; que la terre n'est plus pour eux une patrie. La monstruosité de leur action maudite les effraie; ils aspirent à une miséricorde plus haute que celle des hommes. Retarder pour eux l'heure de la réhabilitation supérieure, serait se montrer mille fois plus barbare, mille fois plus injuste et fatal que de les conduire à l'échafaud, car lui seul leur présente désormais, avec la fin d'une existence qui ne saurait plus être pour eux qu'un long et horrible supplice, l'unique moyen de se réconcilier avec les hommes, avec eux-mêmes et avec Dieu.

Mais autrement, il faut attendre que notre société soit composée d'agneaux, qu'elle ne soit plus qu'une pastorale aux rubans couleur de rose, qu'elle soit conduite, comme a dit Victor Hugo, par Eschyle, Sophocle, Isaïe, Job, Pythagore, Pindare, Plaute, Lucrèce, Virgile, Juvénal, Dante, Cervantès, Shakespeare, Milton, Corneille, Racine, saint Vincent de Paul, Molière, Bossuet. Jusque-là, c'est-à-dire tant et aussi longtemps que le corps social verra grouiller chez lui les tigres et les panthères ; tant que la civilisation produira des hommes comme Néron, Caligula, Claude, Marat, Robespierre, Fouquier-Tinville, Mingrat, Papavoine, Castaing, Lacenaire et Troppmann, il est de son devoir, et il y va de son salut, de se garer de pareils monstres. Tant que le bien, le beau, la vertu, l'honnêteté, la vie pourront être reniés, persécutés, avilis, exposés, arrachés pour un oui ou pour un non, par une foule de misérables sans foi ni loi ; tant que le soleil de l'Arcadie ne luira pas pur et sans taches sur l'espèce humaine, ce sera une imprudence dangereuse, une naïveté aussi ridicule qu'impardonnable, de mettre la guillotine sous la remise, — la guillotine, — ce palladium nécessaire, cette sauvegarde efficace et formelle du grand principe humain comme du dogme fondamental de la loi divine qui a dit : « Tu ne tueras point ! »

L'auteur du *Dernier jour d'un Condamné* a cependant caressé de rechef, avec amour, sa théorie de l'abolition de la peine de mort, dans un travail récent, qui nous paraît être pour lui plutôt un texte à effets dramatiques qu'un foyer d'arguments nouveaux. « L'homme est puni, dit-il ; c'est bien ; « il est mort ; c'est bon. Mais qu'est-ce que cette « femme du guillotiné ? C'est une veuve ; et qu'est-« ce que ces enfants ? des orphelins ! » (Comme si nous ne laissions pas tous les jours après nous des veuves et des orphelins, sans avoir eu l'avantage d'être guillotinés). Victor Hugo reprend : « Le mort « a laissé tout cela derrière lui ; veuve et orphelins, « c'est-à-dire punis et pourtant innocents ! » Triste argument, à notre avis. Plus loin, il ajoute : « Fa-« mille sans père, famille sans pain ! et voilà la « veuve qui se prostitue pour vivre, et voilà les or-« phelins qui volent pour manger ! » Argument plus faible encore, car si, au lieu d'occire le criminel, vous vous contentez de lui faire un beau sermon en l'envoyant à Nouméa ou à Cayenne pour le restant de ses jours, nous sommes tout de même exposés à rencontrer cette veuve le soir...

« *Excepit blanda intrantes, atque æra poposcit...* »

et ces enfants volant du fromage ou des fruits sur le carreau des halles. Que ce père monte à l'échafaud ou qu'il soit tout simplement déporté dans la Nouvelle-Calédonie, cette veuve et ces enfants n'en seront pas moins la veuve et les enfants d'un assassin.

Or, est-il besoin de rappeler ici, à l'appui de la cause que nous défendons, ce vers à la fois si énergique et si profond :

Le crime fait la honte et non pas l'échafaud !

Oui : c'est parce qu'il a assassiné, et non pour être monté sur l'échafaud ou avoir été fusillé, que la veuve, que les enfants, que la famille de ce grand coupable seront honnis, repoussés, réprouvés, sans asile, sans pain, sans consolations et sans espérances. Le coupable (qui ne l'ignorait pas), n'a-t-il pas encore par cela même aggravé sa faute, rendu son forfait plus horrible ? Ne vous y trompez pas, malfaiteurs indignes du nom d'homme : c'est votre crime qui déshonore et rend vos familles malheureuses : ce n'est pas votre condamnation expiatoire !

Il importe donc de rétablir ici la question en la montrant sous son véritable jour, en plaçant en face de la plus fausse théorie et de la doctrine la plus malsaine, l'impérissable et éclatante lumière de la justice et de la morale.

La justice, la voici : « *Tu ne tueras point.* »

La morale, la voilà : il faut au crime, impardonnable parmi les hommes, une expiation terrestre qui offre au coupable un moyen de se repentir et de trouver pardon devant Dieu.

Hors de ce raisonnement religieux et sensé, il n'y a que principes d'un ordre matériel et vulgaire, théorie dangereuse, brillantes antithèses, éblouissants jeux de mots, pauvres syllogismes et redondants paradoxes. (1)

(1) Voy. : à l'Appendice, la note F.

FIN

APPENDICE

APPENDICE

NOTE A.

A propos de cette étude concernant la question si importante, et à notre avis si singulièrement traitée jusqu'ici de l'origine de l'homme, nous attendions l'occasion de rendre le public impartial juge de l'absolutisme et du manque de procédé dont usent certaines catégories de savants, à l'égard de ceux qui ne partagent pas leurs idées, ou plutôt leurs opinions de parti-pris, lorsqu'il s'agit de la marotte politique ou antireligieuse qu'ils ont intérêt à caresser.

Nous avions adressé notre travail au Congrès scientifique, tenant sa 44ᵉ session à Nice, en janvier 1878. Or, voici le résultat de l'examen qu'en fit alors M. le Dʳ Niepce, père, dont le rapport a été communiqué mais non discuté en assemblée générale :

CONGRÈS SCIENTIFIQUE DE FRANCE

Séance du 17 janvier 1878

Présidence de M. Doumet-Adanson

« Le procès-verbal de la séance précédente est lu et
« adopté.

« M. le Dr Niepce, père, communique son rapport sur
« un mémoire intitulé : *Question des Origines — Embryo-*
« *génie-Anthropologie* — par M. Edouard L'Hôte, d'Au-
« benton (Aisne). — Considérant que les notions contenues
« dans ce mémoire, ainsi que les conclusions, sont con-
« traires aux notions acquises à la science, l'assemblée
« passe à l'ordre du jour. »

Nous savions que l'ostracisme est l'arme des despotes, mais devions-nous nous attendre à voir, dans une séance aussi solennelle, le co-inventeur du Daguerréotype mettre si lestement la lumière sous le boisseau ? Eh quoi ! pas même un semblant de discussion ! Ces athéniens de la science sont impitoyables, autant qu'infaillibles.

Il est — convenons-en — facile d'avoir raison quand on applique ainsi l'éteignoir sur les idées des autres.

Ce qu'il y a de plus joli, dans la courte exposition du résultat *négatif* obtenu dans cette circonstance par le daguerréotype de M. Niepce, c'est la note insérée au bas du compte-rendu de la séance, note ainsi conçue :

« Pour cette séance, la première section s'était réunie à la troisième. »

Ainsi, il a fallu deux sections réunies pour produire ce chef-d'œuvre.

Nous conseillons à M. le Dr Niepce d'abandonner désormais son insuffisant daguerréotype, instrument aujourd'hui passé, usé, démodé, dont le verre est trop opaque, et de recourir — pour ses opérations — à l'appareil photographique qui donne des images mieux réussies et des épreuves plus justes.

Une pareille *fin de non recevoir* de la part du ban et de l'arrière-ban convoqués au Congrès de Nice, de la part de toutes ces forces scientifiques réunies, ne serait-elle pas l'indice que nous pourrions bien avoir raison de préférer Moïse à M. le docteur Niepce ?

NOTE B.

On avait admis jusqu'à ces derniers temps, même à l'Académie des Inscriptions et Belles-Lettres, que les peuples sémitiques ne croyaient pas à l'immortalité de l'âme, ni par conséquent aux peines et récompenses de la vie future. Cette question qui avait soulevé des discussions fort vives dans le sein de l'Institut, vient d'être de nouveau examinée par un de ses membres, M. Joseph Halévy, et elle a été résolue dans un sens opposé à celui qui semblait avoir d'abord rallié la majorité de l'Académie. M. Halévy prouve sa thèse par des documents nouveaux puisés dans les archives assyriennes. Il a recueilli, touchant les croyances des peuples assyriens à la demeure souterraine des âmes, des témoignages écrits qui remontent à une très haute antiquité.

Pour les Assyriens, cette demeure « est établie dans les « profondeurs d'une haute montagne qu'on appelle la Mon- « tagne de l'Univers. C'est là que vit dans un ténébreux « abîme de poussière et de boue le peuple des ombres mau- « vaises. Sur le versant de cette Montagne de l'Univers est « établie une région lumineuse, fréquentée par les dieux, « et habitée également par les Justes, qui sont devenus « immortels et qui prennent part aux banquets des Immor- « tels. »

D'autre part, en étudiant les monuments des Phéniciens, le savant académicien y trouve la preuve de croyances analogues. On lit dans la grande inscription d'Eshmounazar,

par exemple, que ce prince « demande à la déesse Astarté
« de lui accorder la grâce d'habiter après sa mort la région
« des *cieux magnifiques*, en récompense de la piété qu'il a
« toujours témoignée pour son culte. »

Ainsi — on le voit — les traditions des peuples sémites peuvent différer dans la forme — sur la question dogmatique — au fond elles sont identiques. Il en est de même pour tous les peuples de la terre.

NOTE C.

Depuis que notre Etude sur l'Enfer a été écrite, des faits d'une nature singulière, étrange, mystérieuse, ainsi que les ont qualifiés certains journalistes libres-penseurs, se sont produits dans le pays des mines, c'est-à-dire dans le voisinage même de ces trous profonds qui semblent inviter l'abîme à fendre ses entrailles pour en faire jaillir ces richesses minérales dont les hommes sont si avides, et qui fournissent, en fin de compte, à l'empire souterrain du mal, le plus grand nombre de ses sujets.

Ces faits ont confirmé notre croyance.

Une émeute a éclaté à Montceau-lez-Mines où, en définitive, aucune revendication n'est formulée, où l'on ne demande pas la plus légère augmentation de salaire, à laquelle même l'immense majorité des ouvriers reste indifférente. Aussi cette émeute paraît-elle à M. Edouard Drumont, rédacteur de la *Liberté*, un simple phénomène physiologique, nous dirons, nous : démoniaque, et nous espérons bien le prouver.

« Ces iconoclastes — se demande M. Drumont — haïs-
« sent-ils vraiment à ce point le fils du charpentier qui fut
« un travailleur comme eux ? non. Les jeunes gens de
« vingt à vingt-cinq ans qui composent ce qu'on a appelé la
« *Bande-Noire* de Montceau-lez-Mines, et qui ont plus l'air,
« dit un témoin, « d'élèves d'une école que de conspira-
« teurs, » n'ont pas, à coup sûr, réfléchi bien longtemps à
« ces problèmes religieux qui ont laissé hésitants des esprits

« autrement trempés que les leurs. J'imagine qu'ils n'ont
« qu'une confuse notion de ce que tant de penseurs illustres
« ont écrit sur l'influence sociale du christianisme. Ils ont
« lu que beaucoup d'hommes de notre temps sont parvenus
« aux plus hautes fonctions, parce que « l'*accacia* » leur était
« connu, parce qu'ils avaient l'habitude singulière de se
« gratter dans la main en prononçant le nom d'Hiram. Ils
« se donnent des poignées de mains en passant leur pouce
« sur trois doigts, ou se touchent du doigt les sourcils en
« s'abordant. Il y a là tout simplement une sorte de mysti-
« cisme à rebours. Ce n'est pas la propriété qui est en cause
« ici, c'est la *possession*, dans le sens que l'on prêtait à ce
« mot à l'époque de certains procès d'autrefois... »

La *possession !* voilà le grand mot lâché, et par un journaliste républicain encore ! — Ce qui nous met parfaitement à l'aise pour dire à ce sujet toute notre pensée.

Dans la guerre déclarée aujourd'hui à la société, à la religion, à la foi chrétienne et à ses représentants sur la terre, il y a bien des ennemis inconscients. Il y a les naïfs. Il y a les malins. Il y a les ambitieux. Il y a les méchants. Il y a les haineux. Il y a tout le cortège des ignorants, des imbéciles et des dupes. A côté de tous ces combattants pour leurs intérêts, pour leurs passions, pour leurs vices, pour leurs idées personnelles, il y a aussi les combattants pour la cause de la justice, de la vérité, du droit et du bien. C'est à ceux-là surtout qu'il importe de savoir à quels ennemis ils ont affaire, à quelles armes ils doivent — par conséquent — avoir recours, pour défendre et sauvegarder leur cause, qui n'est en définitive que la cause du plus grand nombre.

Parmi ces armes, l'Eglise a ses armes; la société aussi a les siennes. Ces deux forces — l'Eglise et la société — doivent donc se soutenir mutuellement, éviter la désunion, les conflits, s'entendre, en un mot, ainsi que l'ont vivement recommandé des voix autorisées, des voix augustes.

Eh bien! en vertu de ce principe et de cet axiome : « Fais ce que dois, advienne que pourra ! » nous ne cacherons pas à nos lecteurs qu'après avoir examiné la situation morale du pays, nous croyons fermement avoir à l'heure qu'il est, devant nous, l'ennemi dont la plus grande puissance consiste précisément à faire croire qu'il n'existe pas. — Cet ennemi, c'est l'Enfer; c'est Satan, c'est cet être que les théologiens connaissent bien et qu'ils désignent sous des appellations différentes, mais d'une signification identique, sous les noms de : « l'Ange déchu, le Prince de ce Monde, « le Roi du Mal, l'Ancien Serpent, le Père du Mensonge, « le Grand Dragon, le Monstre « à la queue fuyante et aux « ailes de feu. »

Les démagogues — ces inconscients — disent : « Le clé-« ricalisme, c'est l'ennemi ! »

Les démonologues chrétiens, au contraire, ces spiritualistes penseurs qui ont étudié et approfondi les croyances, disent : « Le satanisme, voilà l'ennemi ! »

Pour ceux-ci donc, entre les deux irréconciliables, il faut choisir et ne pas tergiverser, il faut prendre parti pour l'un ou pour l'autre, pour le bon ou pour le mauvais.

Mais tel est le désordre intellectuel au milieu duquel nous vivons, que le sens intime des choses s'est profondément perverti, que les mots, non-seulement n'expriment plus les idées qui avaient cours jadis, mais servent à rendre des idées absolument contraires — et qu'entre ces deux figures — *cléricalisme* et *satanisme* — certains esprits faussés n'établissent pas de différence : voilà où nous en sommes : Luther n'avait-il pas déjà osé proférer ce blasphème : « Le « Pape, c'est l'Antéchrist ! »

Nous allons cependant essayer de démontrer par des faits la réalité de la situation et la réalité des choses.

On connaît l'affaire dite des *Troubles de Montceau-lez-Mines*.

Au début d'une des séances de la session des assises de Saône-et-Loire, le 21 octobre 1882, le président de la Cour siégeant pour cette affaire, reçut la lettre suivante qu'il fit immédiatement communiquer au défenseur de Bo......., l'un des inculpés.

Il n'y a personne d'indiscret comme un avocat : Celui-ci n'eut rien de plus pressé que de rendre publique cette lettre, au grand regret de M. le président X... qui aurait désiré qu'elle restât secrète. Cette lettre la voici :

« Maître Président,

« Si tu charges trop dans ton réquisitoire nos amis de
« Montceau et si tu ne donnes pas des ordres pour la mise
« en liberté de notre ami Bo......., je t'attaquerai dans tes
« affections les plus intimes. Je te ferai mourir à petit feu.
« Je me f... de la Justice comme d'une guigne.

« Race bourgeoise et exécrable ! Jamais tu ne m'auras
« sous ta *griffe*, mais malheur à toi si nos amis ont des
« peines sévères.

« Les avocats sont aussi nos amis (nous ne leur en fai-
« sons pas notre compliment) et ils les défendront avec cou-
« rage pour la plus grande gloire de la Révolution sociale,
« une, indivisible et universelle !

« Je te salue, Maître,   « ∴ Jacques Bonhomme. »

La signature est — on le voit — précédée des trois points en triangle de la Franc-Maçonnerie — ce qui est assez significatif — les loges maçonniques étant, ici-bas, les véritables succursales de l'Enfer.

La lettre a été mise à la poste des Brotteaux, à Lyon. Elle n'était pas affranchie.

Je le crois bien ; le Diable a souvent besoin d'argent (témoin le dicton populaire qui le fait loger au fond d'une bourse vide), et il compte sur ses séïdes pour lui en procurer. Ce sont les hommes qui lui en fabriquent pour ses menus plaisirs. C'est pour cela qu'il pousse le peuple à la révolution sociale. Il aime le voir pêcher en eau troublé ; c'est une de ses jouissances.

Mais parlons sérieusement, bien que ceci déjà soit plus sérieux qu'il n'y paraît.

Peu de personnes parmi les catholiques, et même parmi les prêtres, sont initiées aux pratiques objectives des suppôts de l'Enfer.

Le brave président des assises de Saône-et-Loire fut tout d'abord convaincu, sans doute, qu'il avait sous les yeux tout simplement l'avertissement d'un homme vindicatif, d'un gibier de potence, d'un vaurien ordinaire, disposé à lui faire un mauvais parti « s'il chargeait trop son ami « Bo........, s'il ne le faisait pas mettre en liberté, et si les « amis de Bo........ étaient condamnés à des peines sévères.»

Cela lui parut — au premier aperçu — tout naturel.

Mais laissons-le réfléchir un instant aux termes *étranges* de la menace ; laissons-le méditer sur ce texte effrayant, et nous verrons qu'il ne tardera pas à en ressentir la fatale influence.

Car pour quiconque a appris à connaître — particulièrement dans les temps troublés comme ceux où nous vivons, aux époques de crises, soit physiques, soit morales, soit politiques ou sociales, comme l'époque actuelle — pour qui a appris à connaître, disons-nous, l'intervention directe et effective de l'esprit du mal dans les affaires humaines ; pour qui n'ignore ni le caractère, ni les trucs de Jacques Bonhomme — ce loup si souvent revêtu d'une peau de mouton — cet ange de ténèbres sachant si bien se métamorphoser à l'occasion en ange de lumière; pour qui, enfin, est au courant des machinations et de la duplicité de cet être continuellement masqué et acharné contre les hommes, il est facile de constater, dans la lettre écrite au président des assises de Saône-et-Loire, la présence de l'esprit, du style et de la *griffe* de Satan, ou tout au moins d'un de ses chefs de Légion.

Examinez de près cette lettre : le langage d'une haine et d'un orgueil surnaturels, ne règne-t-il pas là dans toute son infernale hideur ? Malgré son astuce et si habile qu'il soit, l'esprit du mal ne laisse-t-il pas percer le bout de l'oreille dans cette atroce missive ?

En effet, quel autre que Satan ou quelqu'un de sa *bande noire* — (tous abrités, comme on sait, derrière la supériorité et surtout derrière l'invisibilité de leur nature, forts par leur intelligence et leurs moyens occultes d'action) — quel autre pourrait se flatter « d'être en état d'attaquer
« l'homme dans ses affections les plus intimes et de le faire
« ainsi mourir à petit feu ? qui pourrait se vanter si hardi-
« ment de n'avoir rien à redouter des *griffes* de la justice
« humaine ? »

Nous avons eu occasion, en certaines circonstances toutes spéciales, d'examiner plusieurs correspondances émanant de la même source et revêtues de la *griffe* du despote infernal qui se rit si effrontément de la *griffe* des magistrats ; aussi demeurons-nous frappés de la similitude d'expressions qui existe dans ces correspondances ; aussi sommes-nous persuadé que si la justice humaine voulait se procurer la minute de cette abominable épitre, ce n'est pas à la surface de la terre, dans la malle ou dans la mansarde d'un pauvre ouvrier mineur qu'elle la trouverait, mais au fond même de l'abime terrestre, « dans le cabinet de Lucifer, » comme dit M. Collin de Plancy, celui-là même qui nous a révélé ces terribles arcanes, confirmés depuis par les savants et curieux ouvrages des célèbres démonologues, MM. Gougenot-Desmousseaux et de Mirville.

Quoi qu'il en soit, nous ne conseillons pas à M. le Président des assises de Saône-et-Loire de poursuivre ses recherches jusque-là.

Nous pouvons, du reste, affirmer que ce magistrat y serait aujourd'hui moins disposé que jamais, car, depuis la réception de cette étrange missive, il a subi et vu subir autour de lui de *diaboliques terreurs*...

Les jurés, les témoins, les habitants du pays ; à la ville, à la campagne, tout le monde a été véritablement *terrorisé*.

Si bien que, personne ne se trouvant plus capable ni d'apprécier les faits, ni de prononcer librement un jugement quelconque contre cette indéchiffrable *Bande noire*, l'affaire a dû être remise à une autre session et confiée aux lumières et au courage d'une nouvelle magistrature.

Entre temps, nous apprenons que cette fameuse *Bande noire* est une des sectes affiliées au mystérieux *Comité nihilo-socialiste* qui a son centre à Genève, et dont le chef serait le prince russe nihiliste Kropotkine — Kropotkine a été depuis, condamné et emprisonné à Lyon — lequel habite Thonon (Savoie), mais viendrait souvent en France pour chauffer ses adeptes.

Ce prince, qui est fort riche, fait vivre une multitude d'étrangers de toutes les nations, ses sectaires et ses émissaires dévoués.

Les — sections anarchiques — fondées par Kropotkine, sont répandues dans toute l'Europe et en grand nombre à Paris et en France.

Voici les dénominations de ces principaux groupes nihilistes ou socialistes. Ce sont autant de légions soumises à l'influence de Satan et chargées par le maître de souffler la révolte au cœur des ouvriers.

L'organisation de cette vaste association étend ses rameaux sur la société tout entière, comme les innombrables bras d'une pieuvre colossale affamée du sang et des biens de ceux qui possèdent — Bourgeois — cultivateurs — patrons — commerçants — industriels — sont menacés de devenir la proie de cet horrible monstre qui — nous le répétons — ne peut avoir été vomi que par l'Enfer.

« Allons ! — se disent bon nombre de gens effrayés
« mais qui ne croient pas à l'Enfer — il est urgent de
« créer partout des... corps de pompiers, et de rétablir...
« la garde nationale ! »

Ils s'imaginent que c'est avec ces armes qu'ils peuvent combattre et vaincre leur ennemi. Les comités anarchistes sont là pour leur prouver le contraire.

Il y a :

Le Cercle des Outlaws ? de Saint-Étienne ;

La Fédération, de Lyon ;

Les Cœurs de chêne, de Cette — qui disent : « Guerre à
« outrance à cette société inique et corrompue où l'honnête
« homme souffre et travaille, tandis que le scélérat sans
« entrailles se gave de jouissances et se vautre dans le
« bourbier de la débauche. »

L'Insurgé, de Rivesaltes ;

L'Alarme communiste, de Narbonne ;

Le comité exécutif *la Trique,* de Narbonne, qui « n'ac-
« cepte ni règlements, ni statuts, ni président ; ce sont des
« autorités dont ils ne veulent plus. » Tous officiers, pas de
soldats.

L'Aurore révolutionnaire, de Perpignan ;

Le Groupe socialiste, de Villequier qui crie : « Bravo !
« amis : Flétrissez sans pitié les bourgeois, ces vampires
« qui se vautrent dans la sueur des prolétaires ;

Les Indignés, de Vienne (Isère) ;

Les Révolutionnaires, de Vienne (Isère), qui déclarent
que « le prolétaire devra se servir de tous les moyens qu'il
« a à sa disposition — le fer — le feu — la poudre — le
« plomb fondu — le pétrole — les allumettes chimiques —
« la dynamite, etc., etc. — Guerre soit faite sans trêve ni
« merci à ces capitalistes qu'on appelle propriétaires, ma-
« gistrature, armée, calotte, gouvernement. »

Le Groupe Louise-Michel, de Lyon, dont le bureau est
situé rue des Fantasques. Ce sont des femmes révolutionnaires qui, sur le conseil de Louise Michel elle-même, ont
pris depuis le vocable de Marie Ferré.

Les Travailleurs, de Saint-Denis ;

L'Effondrement, de Lodève ;

Les Niveleurs, de Troyes ;

Les Criminels, du Creuzot — auprès desquels — (ô cynisme !)

La Panthère, des Batignolles, n'est qu'un agneau, car en fait de dénomination on ne saurait trouver plus fort.

L'Aiguille, de Paris, est le plus important des groupes d'ouvriers tailleurs.

En définitive, Paris, sa banlieue et la province, comptent environ 450 groupes de dynamitards, comme ils se nomment eux-mêmes, et leur nombre d'affiliés se monte à plusieurs centaines de mille d'individus : nous ne pouvons les énumérer tous.

On ne comprend pas que la police ait laissé s'organiser une pareille association, une aussi formidable armée de trouble et de désordre. Est-ce confiance ? Est-ce aveuglement ?

Quoi qu'il en soit, il est bien certain qu'aucune de ces sectes ne cherche la perfection sociale. Les mieux intentionnés se bornent à demander une simple amélioration de salaire ; mais les plus avancés veulent la destruction totale de la société : — *Nihil !* Rien ! — tel est le but et le mot d'ordre de ces groupes anarchistes qui pullulent au fond des masses populaires, aujourd'hui si mal dirigées et éduquées.

Tel est le *fantôme* qui, selon les politiciens optimistes, menace l'état social.

Cependant, certains républicains radicaux ne partagent pas entièrement cette quiétude à l'endroit du *fantôme*.

En présence de cette armée permanente du mal, en présence du désarroi qui s'est introduit dans l'esprit public, surtout depuis l'étrange émeute de Montceau-lez-Mines, voici, entre autres, un bon radical, un *pur* du parti, un bourgeois — ayant sans doute la faiblesse de tenir à sa propriété, à sa place ou à son argent — qui commence à y voir clair.

M. de Bouteiller, ancien président du conseil municipal de Paris (tous les présidents semblent pris de panique) M. de Bouteiller, qui depuis...

Rome alors estimait ses vertus !

lance dans son journal qui s'intitule *le Mot d'ordre* — cette prédiction pleine de sens, de franchise et d'érudition :

Révélant toute sa pensée sur le diabolisme qui court : — « Jupiter, dit-il, affole ceux qu'il veut perdre, » et il ajoute : « Assurément, quelque — mauvais génie — veut perdre le « ministère Duclerc... Il est temps que les Chambres s'as- « semblent pour empêcher que la chute ne s'étende au- « delà... »

Voilà qui est précis.

Du moment où Jupiter et les mauvais génies s'en mê- lent, cela devient sérieux. La prédiction est peut-être un peu païenne, mais pour nous elle est juste et l'aveu est précieux.

Déjà M. Edouard Drumont, après avoir risqué le mot *possession* dans son journal (*la Liberté*), avait dit : « A cer- « taines époques, la France marche tantôt paisiblement, « tantôt d'un pas rapide, vers un but parfaitement distinct ; « à d'autres époques elle se met à tourner en rond, douce- « ment d'abord — puis follement, furieusement, frénétique- « ment. »

Nous y arrivons.

Il y a là toute une doctrine.

Puisque M. Drumont avait pris la parole en sa faveur, il aurait dû la développer.

Il aurait pu jeter à la face des mécréants, ses amis, en saisissant sa bonne plume de Tolède, cette vive et sévère apostrophe :

« Citoyens! vous m'accusez de superstition! mais être superstitieux, c'est croire à quelque chose; or, vous autres, vous ne croyez plus à rien; vous tendez au nihilisme. Permettez-moi donc de vous récuser comme juges. Vous êtes des anarchistes; voilà tout. Moi, je suis conservateur; ainsi, nous ne nous entendons plus. — Ah! parbleu! vous me la baillez belle! S'il y a des superstitieux ici, j'oserai bien dire que c'est vous, qui avez foi aux hallucinations, aux névroses, aux folies hystériques — qui acceptez toutes les fadaises explicatives de vos aliénistes, de vos homœopathes, de vos empiriques, de vos docteurs en *us*, et qui ne voulez pas croire aux *possessions*.

Pourquoi n'y croirais-je pas? moi, qui ne suis ni ministre, ni conseiller d'État, ni membre du conseil municipal.

M. le président de Bouteiller y croit bien; seulement, il est un peu arriéré, tout avancé qu'il est : (ô confusion étrange de la langue et des idées de nos jours!) il croit à — Jupiter et aux mauvais génies! — Ces dénominations sont un peu démodées — mais au fond, il est dans le vrai, le président de Bouteiller.

Savez-vous, citoyens, ce que je crois par-dessus tout, moi ? — c'est que ni vous, ni eux — les conseillers d'État, les ministres, les membres du conseil municipal — ni personne, vous ne parviendrez facilement aujourd'hui à guérir la sauvagerie qui nous déborde.

J'ai beau observer, analyser, tourner et retourner en tous sens dans ma jugeotte les choses qui se passent sous mes yeux, je ne vois plus maintenant qu'un parti à prendre.

— Lequel ?

— Revenir aux anciennes méthodes, aux vieux systèmes qui sont toujours les meilleurs.

— Mais encore : expliquez-vous.

— Vous allez me traiter de clérical !

— Peut-être.

— Eh bien ! il faut en revenir à l'Evangile et au Catéchisme...

— Vous pourriez bien avoir raison.

— J'en suis certain ; écoutez-moi :

Vous avez fermé les couvents, cloîtré les chapelles, frappé d'interdit les lieux où l'on prie, où l'on invoque l'Eternel, le grand maître des êtres et des choses, sa miséricorde, sa bonté, sa puissance, où l'on appelle ces grâces qui font que l'âme est sereine et pure, la conscience tranquille — ces faveurs qui rendent le ciel clément, la nature féconde, l'homme heureux. Vous avez condamné les asiles de la vertu, cadenassé les cellules du bien, mis les scellés sur les saints oratoires. Vous avez détruit l'harmonie qui doit exister entre la terre et les cieux. — Alors, plus de contrepoids ; la balance a penché du côté du mal. Vous avez fermé le paradis ; aussitôt l'enfer a ouvert ses portes. Il a vomi ses monstres. Les armées invisibles du mal sortent de leurs repaires. Elles travaillent les armées visibles des clubs. Elles obsèdent vos frères qui en deviennent féroces. Sous prétexte d'obscurantisme, de cléricalisme, d'éteignoirs, de soutanes, de calottes — par ce temps de paletots ouatés, de manteaux en fourrures, de chapeaux à haute forme et d'électricité — toutes belles choses qui veulent triompher et régner — sous prétexte de progrès — vous avez laïcisé, déchristianisé, démoralisé le pays ; vous avez chassé Dieu : le Diable est venu ! car c'est toujours ainsi : quand le bon Dieu s'en va, le Démon arrive.

Et Satan a dit à sa *Bande noire* et à sa *Main noire* : « Allons ! Enfoncez les portes des églises ! abattez les cru-
« cifix ! incendiez les calvaires ! brisez les troncs ! forcez les
« tabernacles ! faites pis encore !... et les *Bandes noires* ont
« obéi... »

Et Satan applaudit et rit de son affreux rictus.

Il soulève partout les travailleurs inconscients et dociles. Il veut leur faire accroire que les riches doivent être pauvres, que les patrons doivent être ouvriers, et que la démocratie bien entendue consiste à « être l'égal de ses supérieurs
« et le supérieur de ses égaux. »

Et pour avoir plutôt raison de vos fortunes, il fera bon marché de vos vies, ô politiciens aveugles ! Ce n'est pas vous qui entrerez en possession des biens que vous convoitez, c'est lui qui vous possédera. C'est lui qui vous fera — non pas « mourir à petit feu » comme ce pauvre président des assises de Saône-et-Loire — mais au « grand feu du pétrole » — cette houille liquide et sulfureuse qui brûle dans la fournaise infernale : *Lacus ignis ac sulfuris*, comme parle l'Ecriture.

Ni Dieu ni maître ! — avez-vous dit.

Et voici les dieux païens qui renaissent. Jupiter rentre dans l'Olympe de M. de Bouteiller — et les « mauvais génies, » c'est-à-dire les démons qu'on nomme — la débauche, la luxure, l'avarice, l'envie, la paresse et l'orgueil — accourent à la rescousse.

Les maîtres aussi arrivent en foule — masses profondes de prolétaires — elles ont pour mission de vous « attaquer dans vos affections les plus intimes, » de vous tracasser et de vous épeurer !

C'est ainsi qu'agit Dieu quand il veut punir l'homme.

Après avoir clabaudé contre la religion, inquiété ses ministres, flagellé de nouveau le Christ et dénigré sa doctrine, vous voici, ô honte ! ramenés au moyen âge : vous allez rétrograder de huit siècles, vous les progressistes, vous les savants, vous les forts !

Les démons vous assiègent, vous entourent, vous menacent et se moquent de vous. Ennemis impalpables, invisibles, mauvais, ils s'emparent de vos frères vivants, et deviennent ainsi autant d'instruments de barbarie et de crimes contre vos biens et vos personnes.

O éclatante coërcition des âmes pusillanimes et lâches qui n'ont pas su réagir, par la volonté, contre la malice et la colère des méchants ! Allons : au lieu de le renier, de le maudire et de briser ses images, ô mandarins ignares ! revenez à ce Christ qui chassait les démons dont vous êtes possédés ! Invoquez-le, ce sublime ami, ce Dieu qui fut un homme comme vous l'êtes, qui vous a aimé jusqu'à en mourir, et qui est remonté là-Haut pour veiller sur vous et vous protéger.

En vérité, je vous le dis ! ce que vous avez de mieux à

faire, c'est de recourir à cet infaillible médecin des âmes, car les vôtres sont bien malades.

Que votre repentir le touche et il pourra peut-être encore guérir la gangrène satanique dont vous êtes obsédés...

Mais il n'est que temps !

Voyez à quel degré est arrivée la terrible maladie qui vous atteint ! Il n'y a plus contre elle qu'un remède. — Il n'y a plus qu'une seule arme qui puisse vous défendre et vous sauver de ses étreintes — « l'Exorcisme ! »

Les événements marchent plus vite que notre plume.

Nous avions à peine tracé les lignes qui précèdent qu'un grand acte, nous ne dirons pas de conversion, mais de récipiscence, de la part d'un homme qui a marqué dans l'exécution des décrets du 28 mars contre les congrégations religieuses, s'est accompli publiquement, en pleine séance de l'Assemblée législative.

M. Andrieux, député, ancien préfet de police, et, tout récemment encore, ambassadeur de la République française auprès du roi d'Espagne, Alphonse XII, a eu le courage d'avouer hautement ses erreurs.

Nous ne pensons pas que ce revirement d'idées soit dû précisément au contact momentané du député diplomate avec une cour monarchique, ainsi que l'ont avancé quelques radicaux ; nous croyons plutôt que les événements de Montceau-lez-Mines ont été pour beaucoup dans la détermination inattendue de l'ancien préfet de police.

Nous omettrons cette fois une appriciation raisonnée sur les rapports qui peuvent exister — entre ce fait considérable d'abjuration politique de la part du député lyonnais, et l'émeute — plus anti-religieuse que socialiste —

de Saône-et-Loire ; nous ferons seulement remarquer que ces faits, ainsi que leurs conséquences, en constituant une sorte de réaction favorable, en définitive, à la religion et à la stabilité du gouvernement, apportent une confirmation évidente à cette théorie théologique, bien connue de tous les croyants, qui consiste à établir que « Dieu tire toujours le bien du mal. »

M. Andrieux, en agissant comme il l'a fait, a virtuellement donné le signal d'un retour à des doctrines gouvernementales plus saines et plus justes. Il a acquis des titres à la reconnaissance et au souvenir des conservateurs dans les élections prochaines, dans les plébiscites de l'avenir...

M. Andrieux a beaucoup péché, mais il lui sera beaucoup pardonné. D'autant plus que ce législateur vient d'affirmer encore la sincérité de ses nouvelles convictions, (l'homme absurde est celui qui ne change jamais), en distribuant à ses collègues une proposition tendant à obtenir la révision de la constitution de 1875.

Cette révision, si elle s'opérait dans le sens du système américain, — lequel a eu en vue d'attribuer la gestion des affaires à celui que ses concitoyens ont choisi comme étant le plus capable et le plus digne, non de la lui enlever, au risque de multiplier autour de lui les causes de conflit et d'instabilité ministériels ; — cette révision, dit M. Andrieux, apporterait une plus large part d'immixtion et de responsabilité au Président dans l'action gouvernementale ; elle donnerait ainsi au pouvoir et au suffrage universel lui-même une plus grande garantie de force et de stabilité : c'est possible.

Le système américain — d'un Président, non-seulement

régnant mais gouvernant, avec un droit de *veto* qui, sans être absolu, devient le plus souvent décisif, parce qu'il entraîne les opinions des deux assemblées (la Chambre et le Sénat), vers les vues du chef de l'Etat ; — ce système qui, évidemment, favorise le pouvoir dans la direction et la sûreté de sa marche, en remettant la puissance d'exécution aux mains « du plus digne et du plus capable » vaudrait tous les stathoudérats et tous les tribunats constitutionnels du passé.

Ce serait, non plus le triomphe de l'égoïsme et de la personnalité des ignorants, des ambitieux et des faméliques, mais le véritable accomplissement de cette belle parole de M. Thiers : « La République sera conservatrice ou elle ne « sera pas ! » c'est-à-dire que la République, au lieu de saper, dans l'intérêt de quelques-uns, les bases essentielles et primordiales, de toute société : — la famille, la religion, la propriété — la République travaillerait à soutenir, à fortifier et à étendre les bienfaits d'un régime politique devenu la garantie maîtresse de l'état social.

Le doigt de Dieu se montre donc dans le revirement que nous signalons. Et certes, il y a bien là de quoi ranimer la ferveur des croyants et rassurer les honnêtes gens : — M. Andrieux, l'homme aux gant gris-perle, devenu, sans qu'il en ait peut-être conscience lui-même, un instrument providentiel de salut pour la France! Voilà de ces choses qu'on ne voit pas en Amérique.

Qu'on nous pardonne cette digression sur un terrain qui n'est pas le nôtre, mais où nous avons voulu mettre le bout du pied, afin de faire entrevoir une fois de plus la filiation, l'enchaînement réel qui rattache la terre au ciel, le lien qui unit ces deux pôles — l'invisible et le visible — l'intellectuel et le matériel — et, en même temps, afin de montrer avec quelle sagesse, quelle sûreté d'à-propos — et nous ajouterons sans irrévérence — avec quel esprit le Souverain Maître intervient dans la direction des affaires humaines.

M. Andrieux a encore affirmé son programme politique d'une façon plus précise et plus énergique, dans un discours prononcé à Charbonnières, près Lyon, le 5 janvier 1883, devant plus de mille auditeurs dont il a recueilli les applaudissements et sur lesquels ses paroles ont produit une impression profonde. — Après s'être élevé fermement contre la séparation de l'Eglise et de l'Etat, contre la guerre faite au clergé et l'enlèvement des emblèmes religieux : — « Je suis, a-t-il dit, un ennemi du radicalisme, « je suis contre l'extrême gauche ; je soutiendrai la poli- « tique libérale, laissant chacun libre de penser comme il « lui plaît, voulant également que le maire soit maître à la « mairie, et le curé dans son église. Les inquisiteurs, qu'ils « s'appellent Torquemada ou Jules Roche, oppriment aussi « injustement la conscience humaine. »

Nul doute que cette politique ne finisse par rallier au gouvernement qui en maintiendra la stricte observation, les esprits les meilleurs et les plus éclairés.

Saluons donc Andrieux, cette étoile naissante, jusqu'ici assez nébuleuse, mais qui commence à briller dans notre ciel politique, où elle sera bientôt suivie de plusieurs autres — Léon Say — Jules Simon — Freycinet — Wilson — Ribot et consorts — Ces astres se lèveront à l'heure propice, en attendant celui qui doit les éclipser tous...

Qui sait si Rochefort, Brisson et Clémenceau ne finiront pas par entrer dans la même voie — un véritable chemin de Damas! — Les triumvirats ont souvent précédé les trônes...

Mais revenons forcément sur la triste histoire dont la cour d'assises de Saône-et-Loire a laissé à la cour de Riom le soin de prononcer le dénouement.

On aurait pu croire que cette affaire, qui a subi de si mystérieuses influences et enfanté tant de terreurs, une fois soustraite au milieu local où ces terreurs avaient pris naissance s'éclaircirait, et que, tous voiles déchirés, elle apparaîtrait en pleine lumière aux yeux des nouveaux juges.

Il n'en a pas été ainsi.

L'obscurité s'est faite, au contraire, plus opaque et plus intense. Le mystère est devenu plus profond, le secret plus insondable que jamais.

C'est que, il faut bien le dire, la justice des hommes, en certains cas, est impuissante, si elle néglige de s'éclairer des lumières de la science catholique.

Habituée aujourd'hui à ne voir dans les faits que le résultat ou le contre-coup de causes naturelles et purement humaines, la justice se refuse à mettre le pied sur un terrain différent de celui sur lequel repose son siège inamovible. La justice n'admet pas l'intervention du surnaturel dans les choses humaines.

Il n'en était pas ainsi au moyen âge.

A cette époque, qu'agitaient plus nombreux encore des événements de la nature de ceux qui nous préoccupent ici, la magistrature imbue d'idées et de croyances aujourd'hui rejetées comme absurdes et ridicules, la magistrature s'attachait à discerner les influences. Elle savait faire la part de l'homme et celle du démon dans toute cause célèbre soumise à sa juridiction, et se rangeant avant tout du côté de Dieu, elle invoquait son nom et son esprit par un *Veni Creator* intérieur avant de prononcer son jugement.

Nous croyons qu'il serait opportun, en certaines circonstances, de revenir à ces *us* d'autrefois.

Les mystérieux et criminels épisodes de l'affaire de Montceau-lez-Mines s'expliquent clairement pour nous, par l'intervention occulte mais effective de l'esprit du mal dans la plupart des incidents révolutionnaires de notre époque.

La science du surnaturel n'est pas nouvelle. Elle existe depuis longtemps. Depuis le paradis terrestre et la chute, où elle a joué son rôle parmi nous, l'homme a eu le temps de s'initier. S'il ne l'a point fait, son orgueil ou son indifférence en furent la cause. Mais depuis la perte de l'Eden, il n'est plus permis à l'homme d'ignorer et d'obéir aveuglément au mensonge.

Le premier homme n'ayant pas la science devait avoir la foi, c'est-à-dire croire et obéir à Dieu.

Il ne l'a point fait : De là tous ses malheurs.

Mais nous, les hommes scientifiques, nous qu'ont inondé les lumières de l'Evangile (cette vraie science), comment nous refuserions-nous à voir et à reconnaitre dans le surnaturel une des faces de l'éternelle vérité, une nature aussi réelle que la nature même?

Quelques traits suffisent cependant pour élucider cette diabolique aventure de Montceau : Nous ne ferons que les emprunter au tableau.

Ils sont là devant leurs juges, ces jeunes et naïfs ouvriers mineurs, la plupart inconscients, ahuris, hébétés.

On les interroge; ils avouent qu'ils ne demandent rien, qu'ils ne réclament rien, ni augmentation de salaire, ni diminution des heures de travail. Leur brave et généreux patron, M. Chagot, ils le bénissent, ils l'aiment, car il pare à tout, il subvient à tout ; il leur assure bonne paie, maison, jardin, pension de retraites pour leurs vieux jours. Ils sont relativement riches et aussi heureux qu'ils peuvent l'être.

Et pourtant, ils se sont soulevés, enrôlés dans la *Bande noire*. Ils ont détruit des calvaires, incendié des chapelles. Ils se déclarent et s'avouent coupables.

Mais, disent-ils, ils ont subi, sans en avoir conscience, sans connaître ni le but ni la source de leurs menées secrètes, l'influence maudite de personnages *étrangers au pays*. Ils y ont été contraints, forcés, terrorisés par des gens qu'ils ne connaissaient pas, « qui les dominaient, qui étaient « plus forts qu'eux. »

C'est bien cela, n'est-ce pas? et nous voilà revenus, ainsi que nous l'avions déjà fait pressentir, aux plus affreuses, aux plus incroyables folies du XIIe siècle !

On n'a point assez insisté là-dessus.

Nous voulons épuiser sur ce point notre audacieuse révélation.

Ces malheureux *hallucinés* (disons hallucinés pour nous servir de la seule expression qui soit compréhensible pour les sceptiques et les esprits forts de nos jours), ces malheureux hallucinés ont été véritablement conduits au sabbat, — c'est-à-dire aux conciliabules de la *Bande noire* qui se tenaient la nuit, au fond des bois, — non plus comme jadis, par des sorcières à cheval sur des manches à balai, mais par des guides mystérieux, vêtus de cagoules ou capuchons, portant de longues barbes, le revolver au poing, les canons de l'arme braqués sur la poitrine de leurs victimes !...

Arrivés au lieu de réunion, ces infortunés subissaient les terribles épreuves du franc-maçonnisme infernal. On armait leurs mains d'une carabine et on les forçait de tirer sur des mannequins représentant des prêtres, et ces mannequins, ils les abattaient comme on abat dans les foires des poupées représentant des Turcs ou des Kroumirs !

Le joli jeu ! et comme la perversité et la haine de l'Enfer se montrent à nu sous cette diabolique ironie !

Autres temps, autres mœurs — c'est-à-dire autres singeries et autres déguisements.

La mode aujourd'hui étant aux capuchons, aux longues barbes et aux revolvers, les démons (à qui Dieu permet de prendre toutes les formes) savent se vêtir et s'armer selon le goût du moment.

Impossible à ces malheureux enfants de Monceau-lez-Mines de dire ce qu'étaient leurs conducteurs. Ils l'ignorent. Ils l'ignoreront toujours, car un des principaux pouvoirs du Prince des ténèbres consiste à se grimer, à se dissimuler au point de faire passer pour fous ceux qui osent le démasquer en prononçant son nom.

Tout ce qu'ils ont pu faire, les pauvrets ! ça été de raconter en l'air, devant des gens qui les écoutaient à peine, les horribles scènes de la réception des adeptes. Le plus hardi et le plus cynique d'entre eux s'est hasardé à avouer que « voulant payer sa bienvenue ou donner un gage de

« déférence à l'élégante société dans laquelle il se trouvait
« flatté d'être admis, *il avait uriné sur un vieux saint...* »

Cet ignoble aveu vaut à lui seul tous les témoignages qui pourraient être invoqués touchant le caractère diabolique des Sociétés secrètes auxquelles sont affiliés les ouvriers et particulièrement les mineurs.

Du reste, une preuve que les principaux personnages de ces mystérieuses réunions n'étaient que des fantômes, c'est-à-dire des images, des apparences agissant comme des réalités pour ceux qu'elles voulaient tromper, c'est que toute cette fantasmagorie de mise en scène a disparu du pays sans laisser aucune trace. Personne n'a vu passer, à travers champs ou villages, ni le personnel ni les accessoires de ce théâtre infernal. La police, la gendarmerie, les gardes-champêtres, les appariteurs de Montceau-lez-Mines et autres lieux hantés, infestés par les membres de cette fameuse *Bande noire*; aucune autorité, aucun fermier, paysan, laboureur, bûcheron, — qui généralement se lèvent de bonne heure, — nul citoyen quelconque, en un mot, n'a pu savoir où ces saltimbanques d'une nouvelle espèce pouvaient bien se remiser. Eux, ni leur troupe, ni leurs coulisses, leurs frises, leurs tremplins, leurs mannequins, leurs cagoules, leurs barbes, leurs revolvers n'ont rien laissé voir de leur affreuse défroque. On n'en a pas trouvé le moindre lambeau. Il n'en a existé nulle part le plus léger indice; personne n'en a recueilli la moindre bribe. C'est bien singulier !

M. Chagot seul, en sa qualité de croyant, pourrait peut-être désigner l'hôtel souterrain où descend cette sinistre troupe ambulante, mais il s'en gardera bien.

C'est pour le coup qu'on le traiterait de clérical !

Il trouve qu'on l'a assez harcelé, houspillé, turlupiné, honni et poursuivi de cette stupide épithète, le brave homme !

Au demeurant, en voilà bien assez sur ces assises fantastiques.

Ajoutons cependant que, le procès terminé, le jugement rendu, les peines prononcées, il advient que ce sont les moins compromis, c'est-à-dire les plus jeunes, les plus niais, les plus inconscients qui ont été frappés, et les plus mauvais, les plus hardis, les moins innocents, absous ! Bonnot, par exemple, le fameux Bonnot (désigné d'abord sous le nom de Bordat, un anarchiste du complot de Lyon), Bonnot, l'ami du Diable, lequel avait pris si chaudement sa défense — on s'en souvient — dans la lettre de menaces écrite au président des assises de Saône-et-Loire, Bonnot s'en est allé les braies nettes.

Nous n'avons pourtant pas ouï dire que les magistrats de Riom aient reçu quelque missive émanant du secrétariat de Lucifer. Mais Lucifer est si roué, si malin, qu'il aura bien pu trouver quelque truc, quelque moyen plus ou moins avouable et franc d'agir en faveur de son protégé.

Bref ; tout n'a pas été dit et ne saurait l'être sur un sujet qui offre aux amis du surnaturel un inépuisable texte à commentaire, en même temps qu'il ouvre à la science de l'invisible, à la science des choses de l'enfer, un vaste champ d'observations et de découvertes.

Remarquons-le seulement : Depuis que M. Andrieux — instrument aveugle d'une politique plus aveugle encore, ainsi qu'il l'a lui-même déclaré, — a hautement abjuré son erreur ; depuis que l'ancien préfet de police a fait *coram populo* son *meâ culpâ* politique, une sorte de réaction, nous ne dirons pas religieuse, mais moins antipathique, moins hostile à la religion, semble s'être opérée parmi certaines couches sociales.

L'acte d'abjuration du Polyeucte de la rue de Jérusalem a eu un retentissement assez profond pour produire son effet, et il est évident que cet effet a été favorable au mouvement que nous signalons. Mais il est permis de se demander comment une intelligence d'abord aussi inconsciente a pu s'ouvrir d'elle même au rayon lumineux qui l'éclaire aujourd'hui ?

Cette question, nous ne l'adresserons pas aux sceptiques, nous ne la ferons qu'à nous-même, sans avoir la prétention de la résoudre.

M. Andrieux, descendu dans les arcanes de la préfecture de police, a-t-il pressenti les ténébreuses menées ? a-t-il entrevu les hideuses pratiques de l'Esprit du mal ? a-t-il craint d'encourir la malédiction prononcée par ce sonnet sybillin qu'adressait un poète breton aux persécuteurs des Bénédictins de Solesmes :

> Avant de refermer sur vous les noirs abîmes
> Où Satan fut précipité,
> Avant d'ouvrir le ciel à ces douces victimes
> De la haine jalouse et de l'impiété.
>
> Dieu, voulant démontrer qu'elle est l'utilité
> De ces religieux dont vos injustes crimes,
> Au mépris de tous droits sacrés et légitimes,
> Veulent ravir les biens avec la liberté,

Dieu déchaîne sur vous les sombres nihilistes
Qui de brigands fameux (1) viennent grossir vos listes,
Partout de l'incendie ils allument les feux...

Lors, aux couvents déserts des tyrans la main sonne
Implorant du secours.... Ils oublient que personne
N'est plus là pour prier pour eux !

M. Andrieux a-t-il reculé d'effroi devant ce tableau ? ou bien nommé ambassadeur de la République auprès du roi d'Espagne Alphonse XII, M. Andrieux s'est-il imprégné de légitimisme au contact de cette monarchie catholique si croyante et si vivace, et, remué dans ses entrailles françaises, a-t-il subi l'influence de ce milieu royal; a-t-il été amené, par la comparaison qu'il a pu faire des deux régimes, à renier le nouveau pour revenir à l'ancien? *Chi lo sa?*

Toujours est-il qu'en ce moment la réaction s'accomplit moralement, aussi bien dans les sphères gouvernementales qu'au sein des masses populaires.

Des faits particuliers et récents sont venus frapper, dans certains cantons, les hautes classes de la société ; et le peuple à qui rien n'échappe, parce que étant plus près de la nature et de Dieu, il reçoit de première main, pour ainsi dire, le contre-coup des choses et des événements, parce qu'il s'en rend instinctivement un compte plus sûr et en tire des conclusions plus justes, le peuple voit le doigt du Souverain Maître où l'incrédulité et l'athéisme ne veulent voir que l'effet du hasard, que d'étranges et aveugles coïncidences.

(1) *Kropotkine et ses adeptes.*

Pour nous qui croyons fermement à l'existence des liens unissant la terre au ciel, le visible à l'invisible, le naturel au surnaturel, l'homme à Dieu, nous sommes convaincus que lorsqu'un mauvais principe s'incarne dans un homme puissant, par exemple, s'il plaît à Dieu de condamner ce principe parce qu'il lui est contraire, — et il lui est toujours contraire, lorsqu'il est indigne et faux, — l'homme et le principe, frappés du même coup, disparaîtront en même temps.

Or, la morale de tout ceci, la voilà :

C'est fini ; l'homme et le principe incarnés sont bien morts.

La pompe menteuse d'un enfouissement civil splendide ne ressuscitera pas ces cadavres...

Le jour même de la mort de Gambetta, membre actif de la Franc-Maçonnerie, comme on sait, disparaissait également de l'empire des vivants le grand-maître du grand O∴ de France, M. de Saint-Jean.

Nous ne parlerons pas des autres...

Décidément, les foudres vengeresses du ciel frappent les sommets de la terre. Elles culbutent les Titans.

M. de Bouteiller doit beaucoup penser en ce moment à Jupiter et à la mythologie.

Quant à ce M. de Saint-Jean, peut-être était-il bien, sans qu'il s'en doute et quoique franc-maçon (franc-maçon récalcitrant, dit-on), le précurseur d'un nouveau règne de Jésus?

Donc, « versez-nous du nouveau, comme disait la mar-
« quise à Voiture : Passons à un autre exercice, s'il vous
« plaît, votre *cléricalisme c'est l'ennemi* » est usé, archi-usé.

Et nunc crudimini gentes.

Que les nations et les chefs des nations s'instruisent.

Et surtout que les avertissements du présent soient la leçon de l'avenir.

Que renonçant enfin à son sot athéisme, à sa laïcisation (un mot barbare pour exprimer une chose ridicule), l'Etat revienne franchement au spiritualisme officiel.

Le salut moral est là.

Si le retour à de meilleurs sentiments existe, qu'il soit sincère.

Le temps de la comédie politique est passé.

A bas les masques !

Dieu, l'ennemi du mensonge, ne saurait les tolérer plus longtemps.

Il faut que l'Etat renonce au triomphe de Satan, s'il ne veut pas périr sous ses griffes, après s'être exposé à ses plus désagréables surprises et avoir subi ses plus méchants tours. Car Satan, c'est l'instrument dont Dieu se sert — comme la justice humaine se sert du bourreau — pour venger les injures faites à son droit et à sa puissance.

Que l'Etat y prenne garde. Qu'il ne donne pas dans les extrêmes.

Qu'il se souvienne de Law et de Cagliostro.

Après avoir chassé les charlatans, qu'il n'ajoute pas foi aux somnambules.

Sans quoi il pourrait bien se réveiller, un matin, n'ayant plus entre les mains, pour symboliser son pouvoir, qu'un sceptre de chrysocale — la planche aux assignats ou la baguette divinatoire de Mme Cailhava !

Et puissions-nous enfin — comme le disait Mgr l'Évêque de Soissons, dans son éloquente Lettre pastorale de décembre 1882, « le féliciter d'avoir vaincu la malignité des « circonstances et des choses, à laquelle ne saurait être « étrangère la malignité du démon ! »

On a pu voir, par l'ensemble de ce livre, que nous ne sommes ni un illuminé ni un mystique, mais simplement un croyant positif, en d'autres termes, un rationaliste chrétien.

Or, pour justifier ce titre, nous éprouvons le besoin de revenir une fois de plus (ce sera la dernière) sur la réalité de certains faits, dont un — tout récent et que nous allons raconter — nous paraît encore appartenir de plein droit au surnaturel infernal.

On lisait, le 15 mai dernier, dans le *Messager de Valence* (Drôme).

« Il y a quelques jours, des vandales, des barbares de la « civilisation nouvelle, se sont rués sur le cimetière de « Grospierres et se sont livrés sur les monuments funèbres « à des profanations indignes de gens atteints même de « folie furieuse. On eût dit des échappés de Bicêtre que « l'on aurait débarrassés de leur camisole de force.

« Ces forcenés se sont amusés à renverser et à briser « toutes les croix de ce cimetière nouvellement établi — « aucun emblème religieux n'a échappé à leur fureur.

« Mais où leur rage n'a plus connu de bornes, c'est « lorsque ces insensés se sont trouvés en présence d'une « tombe en pierre, plus couverte d'ornements que les autres. « La magnificence de la croix qui surmontait cette tombe

« les a jetés dans un état d'exaspération qui ne peut se
« comparer qu'à la fureur folle ressentie par un taureau à
« la vue d'une écharpe rouge. Ils se sont rués sur cette
« tombe; ils l'ont démolie et mise en morceaux; puis, leur
« sauvagerie n'étant pas encore calmée, ils ont jeté la
« croix en dehors du cimetière, par dessus le mur de clô-
« ture.

« A la nouvelle de cette profanation, la population de
« Grospierres profondément catholique (détail qu'il est bon
« de faire ressortir), s'est transportée sur les lieux, animée
« de la plus vive exaspération. Il est probable que si, dans
« ce moment d'indignation, les coupables leur fussent tom-
« bés sous sa main, ils auraient passé un mauvais quart
« d'heure. Ce n'aurait été que justice. Mais malgré d'ac-
« tives recherches, les auteurs de cette profanation n'ont
« pu être découverts.

« On a « la certitude qu'ils sont étrangers au pays » et
« que la haine seule de la religion a poussé ces brutes à
« accomplir cet acte d'impiété. »

A notre avis, on ne saurait être plus naïvement à côté
de la vérité, dans l'appréciation d'un fait de cette nature.

Ces « fous, échappés de Bicêtre qu'on aurait débarrassés
« de la camisole de force; ces taureaux exaspérés comme
« en présence d'une écharpe rouge, » nous paraissent, à
« nous, bien pâles à côté des véritables monstres qui ont
opéré dans la Drôme.

C'est par euphémisme aussi, nous voulons bien le croire,
que les habitants de Grospierres se sont bornés à traiter de
vandales les démolisseurs des monuments funéraires de
leur cimetière.

Vandales, soit : Les Vandales de l'antiquité ont la réputation, parmi nous, race civilisée, d'avoir commis des dévastations pour le seul plaisir de faire le mal. Mais on a calomnié les Vandales. Ces barbares, ou du moins les étrangers réputés tels, poursuivaient un but en se livrant à leurs exploits de destruction. Ils voulaient frapper de terreur leurs ennemis avant de s'emparer de leur pays et de leurs biens.

Les vandales d'aujourd'hui ont d'autres visées, et ils viennent de plus loin qu'on ne le croit communément. Ce ne sont ni des Germains, ni des Serbes, ni des Hongrois, ni des Bulgares, ni même des Gitanos, mais des hordes échappées de l'Enfer pour nous envahir, corps et âmes. Ils veulent, après avoir détruit et anéanti les emblèmes religieux, les symboles de Dieu et de son Christ, ils veulent régner en maîtres sur les ruines du monde. Ce sont les instituteurs obliques de l'école nihiliste, les soldats du mal, les suppôts de l'archange déchu, de ce monstre invisible, orgueilleux et méchant, l'éternel ennemi du genre humain...

Ainsi, en une seule nuit, voilà un cimetière ruiné, dévasté de fond en comble, sans qu'il ait été possible de rien voir, de rien entendre, de soupçonner même les auteurs de cet acte abominable. Comprenez-vous « ces étran-« gers au pays » (car on en a la certitude), qui arrivent la nuit, en grand nombre et en force suffisante sans doute, en chair et en os assurément, sortant on ne sait d'où, venant à pied, à cheval ou en véhicules, sans que personne s'en aperçoive ; puis, après la destruction de plusieurs monuments solides, destruction qui eût demandé plusieurs journées d'efforts surhumains, repartent tranquillement sans être inquiétés, sans laisser même l'espoir d'être pris ? — car c'est ainsi que ces sortes d'invasions s'accomplissent — ni vus ni connus; les coupables on ne les connaitra pas; on ne les retrouvera jamais; sur ce point essentiel les convictions sont déjà faites : c'est bien extraordinaire! mais les choses se passent toujours de la même façon.

Est-ce que cela ne vous parait pas aussi surnaturel qu'un miracle?

Est-ce qu'il ne faut pas être absolument aveugle d'esprit, de savoir et d'entendement, pour ne pas voir clair dans les mystères de cette horrible nuit de Grospierres, seconde représentation des mystérieux sabbats du grand bois de Montceau-lez-Mines ?

Il ne s'agit pas pourtant d'être plus malins que les plus malins argousins de la police républicaine, pour mettre la main sur cette espèce de malfaiteurs.

Ce qu'il faut, pour apprendre à les connaître, à les combattre et à les chasser, c'est simplement d'ouvrir tout grands les yeux de la foi à la lumière des textes évangéliques.

N'insistons plus.

CONCLUSIONS GNOMIQUES

DE LA NOTE C.

Disons seulement pour en finir sur ce chapitre, le plus important de nos *Etudes philosophiques*, que si nous tenons tant à faire passer nos convictions dans l'esprit de nos lecteurs, ce n'est pas précisément en vue d'exercer un apostolat, une pression quelconque sur leur conscience ou leur jugement, mais parce qu'il est dans notre goût de dire ce que nous croyons être la vérité. Nous faisons ici *de l'art pour l'art*. Tant mieux pour ceux qui se rendront à nos démonstrations; ils apprendront par là à observer les choses de plus près, à ne pas se payer d'apparences, et à se surveiller plus sévèrement eux-mêmes. Car la vérité et la morale sont absolues et corrélatives; l'une est le chemin qui mène à l'autre : « Connais-toi toi-même, » a dit le sage.

Si nous croyons fermement au *surnaturel* — nous que la métaphysique occupait dès l'enfance et qui avons si longtemps médité sur cette question — c'est que nous y voyons l'élément, la base de l'existence d'un autre monde, de ce monde moral et intellectuel supérieur, vers lequel nous gravitons; c'est que nous reconnaissons en même temps, dans cette croyance, l'assise d'une société mieux équilibrée et plus heureuse, pour le monde même où nous vivons.

Raisonnons : car enfin la chose est assez intéressante pour y penser : Pourquoi sommes-nous nés? pourquoi apparaissons-nous ici-bas, et pourquoi disparaissons-nous, si ce n'est pour aller ailleurs? Que sommes-nous venus faire sur cette terre, si ce n'est pour apprendre, pendant cette vie humaine, à nous diriger par la valeur de nos travaux et de nos actes vers l'un ou l'autre de ces deux pôles de la vérité absolue, le bien ou le mal, le bonheur ou le malheur, le ciel ou l'enfer? Ne parlons du purgatoire que comme d'un lieu d'attente, qui existe nécessairement, comme seuil de l'un ou de l'autre de ces deux abimes où, après la mort et le jugement final, les âmes vont se précipiter; mais examinons surtout le côté principal et définitif de notre destinée.

Notre nature a été pervertie par la faute (car nous croyons aussi à la faute), et bien qu'elle ait été restaurée par la rédemption, il lui est resté un tel levain du mal qu'elle nous entraine plus particulièrement vers l'un que vers l'autre de ces deux pôles dont nous venons de parler. Nos instincts, nos passions, nos vices nous y font tourner comme l'aiguille aimantée vers le Nord, cette région désolée de la terre qui attire pourtant le voyageur.

Mais notre liberté nous laisse le choix de la résistance ou de l'entrainement. Nous avons en nous toute facilité, toute possibilité, par le *vouloir* et par *l'arbitre*, d'atteindre dans l'éternité l'une ou l'autre de ces deux sphères — celle de la lumière ou celle des ténèbres. Nous possédons intérieurement le sentiment de cette formidable éventualité, dont la conscience nous avertit.

Otez le *surnaturel*; brisez cette chaîne admirable qui

unit la terre au ciel; aussitôt l'âme, c'est-à-dire la première personne, la personne sublime de la trinité humaine comme de la trinité divine, l'âme disparait. Le monde phénoménal ou physique, le monde intellectuel ou moral, l'univers, l'être éternel, l'être infini, l'être présent, l'être futur, tout s'écroule. La création entière s'évanouit. Il n'y a plus rien, absolument rien : ni bien, ni mal, ni mérite, ni démérite, ni balance, ni justice, ni peine, ni récompense, ni jugement, ni sanction, ni vérité, ni mensonge, ni ciel, ni enfer : la table est rase. Ce n'est plus même l'abîme, la confusion, le chaos; c'est le néant. La matière, l'esprit, la forme, n'existent plus. L'œuvre divine est détruite. L'archange maudit s'est annihilé volontairement. Pour être conséquent avec lui-même, il est tombé dans le *naharva* des Indous, qu'il a probablement lui-même inventé.

Voilà pourtant l'idéal poursuivi par le nihilisme!

Voilà le but auquel tend cette doctrine absurde, cette folie satanique!

Voilà la scène d'anéantissement total que rêvent les démons, scène où ils prétendent faire jouer le principal rôle aux hommes, qu'ils détestent et dont ils convoitent le sang et la vie, substance dont se nourrit leur haine!

Pour satisfaire la perversité de leur nature, qui fut pourtant d'abord angélique (ô mystérieuse et lamentable histoire! ô triste fruit du plus sublime attribut de l'intelligence — la liberté!) ces êtres immondes, mais qui n'ont rien perdu de leur puissance, nous poussent continuellement au mal, en opposition avec Dieu qui nous convie sans cesse au bien. Ils sont les esprits de la haine quand Dieu est l'esprit de l'amour.

— Sommes-nous donc dans la réalité quand nous écoutons leurs inspirations ?

— Certes oui, nous y sommes ; nous sommes dans le vrai infernal, au lieu d'être dans le vrai divin ; nous marchons vers la nuit noire et terrible, au lieu d'aller vers le jour pur et resplendissant.

— « Nous ne voulons plus croire à tout cela — disent « les plus fortes têtes, les hallucinés de l'athéisme. »

Croyez-le ou ne le croyez pas : rien n'est pourtant plus simple, plus sensé, plus logique, plus *naturel* que ce *surnaturel* dont nous ne voulons plus — parce qu'il fait peur à nos méchancetés, à nos abus, à nos travers, à nos mesquineries, à nos iniquités — mais auquel se sont ralliés les plus grands esprits de tous les temps.

Car (et c'est là un fait hors de toute contestation) dans le monde ancien comme dans le monde moderne, avant comme après Jésus-Christ, la croyance au *surnaturel* fut celle des génies les plus éclatants qui ont rayonné parmi les hommes.

Cette raison seule devrait être déterminante pour nous.

Si pénétrés que nous soyons d'orgueil et d'importance, il n'est pas possible que nous poussions l'outrecuidance au point de nous croire, tous tant que nous sommes — princes — grands — bourgeois — cultivateurs — commerçants — artisans — ouvriers — plus expérimentés, plus instruits, plus savants que les premiers de toutes les époques — les prophètes — les Pères de l'Eglise — les docteurs — les législateurs — les conquérants, ces vainqueurs du monde — les philosophes, ces conquérants de la pensée : Moïse, Platon, Socrate, Newton, Leibnitz, Pascal, Bossuet, Fé-

nelon, Charlemagne, saint Louis, Napoléon, Corneille, Racine, Laplace, Chateaubriand, Lamartine et même Victor Hugo — qui peut errer sur bien des points, mais qui n'a jamais tergiversé sur celui-là. Pouvons-nous nous flatter d'en savoir là-dessus plus que Kant, par exemple, Kant qui a dit ceci : « On en viendra un jour à constater que l'homme
« vit en communication perpétuelle avec les natures imma-
« térielles du monde surnaturel, du monde des esprits ;
« que ce monde réagit constamment sur le nôtre — seule-
« ment, l'homme n'en a pas conscience tant que tout va
« bien chez lui. »

Le *surnaturel* existe donc : c'est le dogme spiritualiste par excellence; c'est le dogme fondamental de toutes les religions — le dogme de Brahma, de Wisnou, de Mahomet, etc., c'est surtout celui du catholicisme qui l'a épuré et développé. Attendrons-nous que « *tout aille mal chez nous* » pour y croire? attendrons-nous pour guérir la *névrose* du doute et de l'athéisme qui nous obsède, que la *névrose* politique qui règne se soit transformée en une incurable anémie?

Un médecin célèbre, Orfila, a ajouté comme appoint à l'opinion émise par Kant, cette pensée superbe et profonde :

« L'homme n'emporte de cette vie que la perfection de
« son âme! »

Il y a donc quelque part un monde où la perfection de l'âme sert à quelque chose.

Et ce n'est point là une chimère, mais la conséquence de la connaissance que nous avons du bien et du mal.

Quels horizons infinis ouvre à l'intelligence, à la foi et

aux espérances de l'homme, la croyance de ces deux grands esprits, pratiques et philosophiques : Kant et Orfila !

Ainsi, la *possession* — disons le mot — c'est-à-dire l'ingérance, l'immixtion du *surnaturel* dans le monde visible, la *possession* est pour l'homme, bon ou mauvais, un état en quelque sorte permanent. Mais il y a des *possessions* de divers degrés, de plusieurs sortes, et qui subjuguent l'homme avec plus ou moins d'énergie et d'intensité, suivant la nature et les circonstances de leur action, suivant le tempérament, la disposition de l'individu.

Il y a 1º la *réaction* ordinaire, habituelle, journalière du *monde surnaturel* sur le *monde naturel et phénoménal*. C'est l'influence constante, *subjective*, qu'exercent sur l'homme dans son état naturel les bons et les mauvais anges. Car l'homme, sans qu'il s'en doute et qu'il s'en rende compte, est souvent soumis à une volonté, obéit souvent à une pensée qu'il regarde comme sienne, comme lui étant personnelle, et qui lui est étrangère; c'est ce qui a fait dire à certains philosophes « qu'il n'y a pas *d'idées innées*, » en d'autres termes, que l'homme « ne pensait que par *répercussion* » : c'est cette *possession subjective* qu'a définie Kant. Notez que cette influence n'aliène pas la liberté humaine autrement que ne le fait un raisonnement auquel se rend l'un des deux interlocuteurs, dans une discussion quelconque; seulement l'influence s'exerce ici par inspiration; elle s'adresse à la conscience intime : c'est un *déterminisme* de for intérieur, résultat dont la source nous échappe, tandis que dans une conversation, par exemple, nous savons, lorsque nous cédons, que c'est à l'éloquence de celui qui parle ou à la puissance de son argumentation.

Ici, la subtilité de l'analyse n'empêche pas, ce nous semble, l'explication d'être claire et compréhensible.

Il y a 2° la *possession effective* qui est la substitution réelle d'un *être surnaturel* à l'homme lui-même. Alors celui-ci ne s'appartient plus. Son corps est en quelque sorte *dépossédé* de son propre esprit et *possédé* par l'esprit d'un autre. La personnalité de l'individu est annihilée complètement. Les médecins matérialistes appellent cela — *état pathologique* ou *cataleptique*; nous autres croyants, nous disons tout simplement — *possession*. L'histoire nous a d'ailleurs appris que cet état était fréquent au moyen âge. Nous savons qu'il se développe et se généralise surtout dans les époques de crise ou de rénovation, au moment des cataclysmes physiques ou des révolutions sociales. L'histoire est unanime et précise sur ce point. C'est évidemment de cette sorte de *possession* dont a osé parler le rédacteur de la *Liberté*, au moment de ce mystérieux procès des *anarchistes*, procès commencé à Dijon et terminé à Riom, procès qui a semé tant de terreurs et laissé tant de vague et d'incertitude dans le pays et dans les esprits, en 1882.

Il y a enfin 3° la *manifestation objective* ou la *vision* d'une forme de l'intelligence (divine ou démoniaque), phénomène que l'Eglise est particulièrement appelée à apprécier, à définir et à juger. Il faut ranger dans cette catégorie de faits *surnaturels*, les *apparitions* et les *miracles*, les choses merveilleuses (*mirabile visu*) qui ne sauraient être humainement expliquées parce qu'elles sont inexplicables, surtout pour les incrédules. Nous pourrrions en citer un grand nombre. Nous ne spécifierons pas, laissant là-dessus la carrière ouverte, le champ libre à ceux qui nous ont lu et compris, entièrement ou à demi-mot.

L'étude du *surnaturel* est déjà devenue pour certains adeptes une *science nouvelle*. Cette science pourra se développer, se propager et trouver de nouvelles formules, sous des mots inconnus et des appréciations différentes. Tout un dictionnaire *néologique* est déjà créé par elle.

Cependant, ne nous abusons pas : Il n'y a rien de nouveau sous le soleil — *nil sub sole novi*.

L'Ancien et le Nouveau Testament ont proclamé et expliqué, depuis des siècles, ces choses merveilleuses — *ad majorem Dei gloriam !*

Relisons attentivement aujourd'hui ces saintes et savantes Ecritures, et pour peu que nous y mettions de la bonne volonté et un certain renoncement au parti-pris, nous serons bien forcés d'y croire.

Ceux qui doutent ou qui nient sont ceux qui ignorent.

Or, pour acquérir la certitude il faut s'instruire, il faut étudier, il faut connaître.

On arrive à la *certitude philosophique* par la raison, mais on n'arrive à la *certitude catholique* que par la foi qui est, comme l'a dit Pascal : « la dernière démarche de la raison. »

La foi est donc le dernier, le plus haut degré de la *certitude*.

NOTE D.

Les prodromes de cet empire ou royaume universel annoncé par la prophétie de Trithème sont flagrants. Ils se révèlent par la fusion journalière des peuples orientaux et teutoniques avec les Européens du Centre et les Américains. Les chemins de fer, la télégraphie électrique, le téléphone, signalent cette tendance des hommes de races ou familles différentes, à se rapprocher, à unir leurs intérêts dans un rapport constant par les échanges, par un besoin commun des mêmes produits naturels et industriels dont le commerce international vient multiplier l'emploi, et dont le nombre des voyageurs de tous pays accroît encore le courant.

La langue française surtout s'universalise. Déjà fort répandue à cause de sa netteté et par l'attrait de sa littérature, elle est devenue la seule, à peu près, qui soit en usage dans les rapports diplomatiques. Elle nous assure une prépondérance capable de balancer celle des armes.

A ces symptômes significatifs du futur mélange des peuples — mélange qui, à notre sens, ne fera que fortifier peut-être, au lieu de le détruire, le sentiment de nationalité particulière si vivace chez tous — se joignent, dès à présent d'autres signes dont il importe de tenir compte.

Ainsi, par exemple, l'Angleterre qui sans le moindre scrupule vient d'envahir l'Egypte, pourrait bien être envahie à son tour. Il ne s'agit plus ici d'une armée continentale qui, se glissant par un trou sous le Pas-de-Calais, s'emparerait sans coup férir, en une seule nuit, du royaume

de la Grande-Bretagne. L'envahissement qui menace l'Angleterre est bien plus dangereux. Il s'opère ouvertement, en plein jour, sans que personne, jusqu'à présent, ait songé à s'y opposer. Il paraît que ce sont les habitants du fleuve Jaune qui veulent, à l'heure qu'il est, remplacer les sujets de S. M. la reine Victoria dans les emplois inférieurs de domestiques, de concierges, de cochers, de palefreniers, de cuisiniers, de frotteurs, de blanchisseurs, de coiffeurs, etc.
— La chose est plus sérieuse au fond qu'elle n'en a l'air. Ces étrangers pullulent à Londres et dans les provinces anglaises, « si bien qu'une Société qui s'intitule Confédé« ration démocratique, présidée par un M. Henry Hyndman, « se proposerait, dit-on, de demander que le Parlement « s'oppose à cette invasion d'un nouveau genre. »

Une Confédération démocratique nous paraît mal venue à repousser des frères — car tous les peuples sont frères, n'est-il pas vrai ? — des frères, disons-nous, qui, n'ayant pas de quoi manger chez eux, cherchent, en travaillant à Londres, à se procurer une existence qui leur fait défaut à Pékin.

Quelques Chinois malins ont proposé déjà à certains négociants anglais de leur envoyer des cargaisons d'hommes jaunes, lesquels, moyennant un salaire médiocre, rendraient beaucoup plus de services que les hommes blancs dont le seul désir, souvent manifesté, est de ne rien faire tout en recevant des gages très élevés.

La Confédération démocratique prévoit, dans un avenir rapproché, une lutte sanglante entre les ouvriers chinois et les ouvriers anglais qui ne se laisseront pas volontiers arracher le pain de la bouche par des étrangers.

Mais, ce que la Confédération démocratique ne voit pas, c'est que l'Angleterre tend à devenir allemande, et que depuis vingt-cinq ans l'invasion des Teutons a pris chez elle une position formidable. A la Cour, on parle plus allemand qu'anglais ; de grandes charges, d'importants commandements sont aux mains germaniques. Il n'y a pas dans la cité de Londres une maison de banque ou de commerce dont les employés supérieurs ne soient Allemands. Dans les hôtels, dans les cafés, tous les domestiques sans exceptions et presque tous les garçons sont Allemands. Parmi les ouvriers maçons, charpentiers, barbiers, ce sont encore les Allemands qui dominent.

Dans les arts, c'est la même chose, et il en sera bientôt de même en France. Le gouvernement récompense les talents étrangers. Il décore les Allemands et les Belges. Il oublie, néglige ou se montre parcimonieux, à l'égard des talents français.

Bref, on peut se convaincre, par ces détails empruntés aux journaux étrangers, que l'invasion des barbares ne se pratique pas toujours parmi nous au moyen de la poudre à canon, mais que nous n'échapperons pas, tôt ou tard, aux travailleurs de l'Empire universel, par l'emploi de la *poudre d'escampette,* dont les Chinois et les Teutons — si malheureux chez eux — sont bien obligés de faire usage pour vivre.

NOTE E.

Les usines de Baccarat, où se confectionnent de si beaux ouvrages de cristallerie, présentent, en effet, l'application la plus parfaite des associations ouvrières, non pas telles que les rêvent les démocrates socialistes et leurs adeptes, mais telles que peuvent les réaliser la probité et le bon sens, unis aux meilleurs sentiments d'humanité et de prévoyance. Ainsi, dans cet établissement modèle dont la prospérité est au comble, parce que maîtres et travailleurs s'entendent et se trouvent tous d'accord pour le bien-être commun, les deux principales catégories d'ouvriers — les verriers et les tailleurs — sont organisés par brigades composées de trois ou quatre compagnons de divers grades, et de un à quatre apprentis : chacun d'eux touche un traitement fixe proportionné à son grade et à son degré d'habileté. Le travail de chaque brigade est, en outre, réglé à la pièce sur un registre spécial qui est toujours à sa disposition et qu'elle peut contrôler chaque fois qu'elle le désire. L'excédant du montant de travail à la pièce sur la somme des traitements affectés à chaque brigade est réparti, à titre de gratification, entre les maîtres et compagnons dans des proportions réglées suivant les grades. Les tarifs sont d'ailleurs calculés de telle sorte que le montant du travail à la pièce puisse excéder facilement la somme des traitements. Aussi est-il fort rare qu'une brigade n'ait pas d'excédant à partager ; mais cet excédant est plus ou moins élevé suivant l'activité et l'habileté de chacun. Il résulte de ce mécanisme, aussi simple qu'ingénieux, que tous les ouvriers sont intéressés à produire le plus et le mieux possible; qu'ils sont tous, dans les limites de ce qui est équitable, associés au succès de la fabrique, et dès lors non pas hostiles, mais solidaires vis-à-vis du capital.

NOTE F.

A propos du procès criminel intenté à Arabi, à ce parvenu égyptien — cause directe du bombardement d'Alexandrie, du massacre de ses habitants et de la ruine de tous les négociants et banquiers européens, parmi lesquels on compte bon nombre de Français — voici les arguments que Victor Hugo a jugé à propos de mettre en avant pour la défense de ce chef musulman, menacé d'une condamnation à mort.

Il s'agit encore une fois ici de cette question capitale — la peine de mort — mais il ne nous paraît pas que le nouveau pathos du célèbre poëte soit devenu plus fort de raisonnement que dans ses tentatives antérieures, et qu'il soit dès lors suffisant pour faire effacer de notre code pénal l'article 12, sauvegarde des vies innocentes.

Au point de vue politique comme au point de vue du droit commun, les derniers arguments de Victor Hugo nous semblent aussi peu solides, aussi nuageux, aussi contraires au bon sens et à la légitime revendication du droit social établi par Dieu lui-même, que leurs aînés.

Ces arguments ne sont donc pas de nature à modifier notre opinion, qui est celle de tous les jurisconsultes sensés et réellement religieux.

Victor Hugo se trompe d'ailleurs d'une manière étrange et profonde s'il croit que le catholicisme tombe, parce que « quelques-uns de ses amis politiques expulsent les reli-« gieux et décrochent les crucifix. » Voici cette page —

qui n'a pour nous qu'un seul mérite — l'originalité. Ce n'est point assez.

« On juge Arabi — dit Victor Hugo —
« Qu'est-ce qu'Arabi ?
« Est-ce un rebelle ? Oui, dit le Khédive tout haut. Non, « dit le Sultan tout bas.
« Est-ce un libérateur ? Libérateur de qui ? Le peuple « égyptien sera, et sera grand, au vingtième siècle. A cette « heure, il n'est pas encore.
« Est-ce un belligérant ? cela suppose la guerre ; or, en « ce moment la guerre n'existe pas. Il y a des faits mili-« taires irréguliers, sur lesquels l'Angleterre aura à s'ex-« pliquer, mais de guerre point. L'Angleterre n'est pas en « guerre avec l'Egypte — l'Angleterre n'est pas en guerre « avec la Turquie.
« Qu'est-ce donc qu'Arabi ?
« C'est un prisonnier.
« Nous autres, les passants, les inconnus, les premiers « venus, nous sommes, nous vivons, et les gouvernements « travaillent auprès de nous ; ce qu'ils font, ils nous le « cachent ; nous l'ignorons ; ils l'ignorent aussi peut-être.
« Mais nous voyons ce qu'ils ne voient pas ; nous voyons « devant nous, au fond de l'horizon — ce que fait l'avenir ; (comment l'avenir — qui n'est rien encore — peut-il faire quelque chose ?)
« Nous voyons l'islamisme crouler en Orient — le catho-« licisme tomber en Occident — l'Afrique entrer en civili-« sation... (joliment ! par l'assassinat du prince impérial — par l'assassinat des missionnaires et de tous les voyageurs qui se risquent sans escorte et sans armes suffisantes dans

cette contrée barbare) — « cela est devant nous ; les gouver-
« nements peuvent nous cacher ce qu'ils font, nous voyons
« ce que fait la civilisation. Nous sommes contents ! (Jusqu'ici, en ce qui concerne l'Afrique, il n'y a pas de quoi.)

« La peine de mort a résumé et représenté toutes les
« anciennes justices criminelles du passé. Elle a été l'ange
« des vieilles législations. Aujourd'hui, elle est jugée et
« condamnée ; depuis cinquante ans, vingt-sept Etats l'ont
« effacée de leur code. (Depuis cinquante ans, le nombre
des crimes contre les personnes n'a fait qu'augmenter, et la
Suisse, entre autres nations, qui avait aboli la peine de
mort, vient de la rétablir.) « Les gouvernements qui la
« conservent (la France, hélas!) lui obéissent le moins
« qu'ils peuvent ; ils en ont peur (les gredins — oui —) et
« ils en ont honte. Il n'y a pas un juré éclairé qui consente
« à signer un arrêt d'où sortira la peine de mort. Elle n'est
« plus ange, elle est spectre.

« Ici l'on nous arrête et l'on nous dit : La peine de mort
« est plus puissante que jamais. Les deux mondes l'adop-
« tent. Elle est si peu morte qu'elle tue. Arabi va être fu-
« sillé. Ce langage nous surprend, mais il ne nous inquiète
« pas. Non, la civilisation n'est pas la barbarie ; non, la
« sauvagerie n'est pas la justice actuelle ; non, la civilisa-
« tion ne tue pas un homme comme faisaient les vieilles
« sociétés, sans trop savoir pourquoi ; non, elle ne com-
« mence pas la grande œuvre dont le vingtième siècle sera
« rempli par un acte qui est, pour ceux qui le commettent,
« une énigme, et pour ceux qui le voient commettre, un
« crime. Non. »

On se demande ce que tout cela veut dire ? L'énigme ici,

pour nous, est de savoir ce que signifie, aussi bien au point de vue honnête et moral qu'au point de vue social, la défense d'un aventurier qui n'a reculé ni devant la trahison, ni devant le crime pour assouvir son ambition et son orgueil ? L'énigme, pour nous, est de comprendre l'intérêt que peut avoir un grand esprit comme Victor Hugo à recommencer son éternel plaidoyer en faveur des méchants contre les bons, en faveur des scélérats contre la répression et la justice, en faveur du brigandage et du nihilisme contre la société ?

Eh bien! les mahométans ont fait preuve de bon sens en condamnant Arabi à mort comme il le méritait.

Mais les protestants lui ont fait grâce.

Les Anglais ont envoyé Arabi en exil à Ceylan.

Là, sur cette terre classique des fauves, ce fauve va se trouver dans le milieu qui lui convient.

C'est bien, en effet, avec les tigres et les panthères que ce monstre aurait toujours dû vivre.

C'est par eux que justice sera faite et qu'il finira par être dévoré : Espérons-le.

Espérons qu'il sera croqué avant sa rentrée sur ce sol d'Egypte où il voudrait revenir pour exterminer tous les étrangers, à l'exception des Anglais, bien entendu, car — on connaît le proverbe : Les loups ne se mangent pas.

Quant à Victor Hugo, il persiste plus que jamais dans son rôle d'avocat des brutes.

N'a-t-il pas écrit l'autre jour à l'empereur d'Autriche, lui imposant, pour ainsi dire, la grâce d'Oberdank, un sectaire italien ou allemand qui avait voulu poignarder l'empereur?

Cette fois, François-Joseph a pensé avec toute raison que sa peau valait bien celle de ce jeune gredin, et la justice a suivi son cours.

Qu'y a-t-il d'ailleurs d'étonnant à ce que l'auteur des *Châtiments,* naguère encore si sévère pour les têtes couronnées, se montre si indulgent pour leurs ennemis?

C'est qu'il se sent sans doute lui-même coupable de bien des fautes...

Pardonnons-lui.

Le poète humanitaire, arrivé aujourd'hui à l'âge où l'on n'a plus guère conscience de ses actes, est, selon toute apparence, atteint de ce mal que l'on nomme communément *l'enfance,* et que les aliénistes appellent *la folie douce.*

TABLE DES MATIÈRES

CHAP.		PAGES
	Avertissement de l'Éditeur	III
	Avant-Propos	IX
I.	— Réfutation des doctrines modernes touchant les origines de l'homme.	1
II.	— La Race humaine.	65
III.	— L'Enfer prouvé par la Science et par l'Histoire	83
IV.	— Les Prophéties et les Prophètes	107
V.	— Du Travail des Femmes.	139
VI.	— De la Peine de Mort	159
	Appendice	175
	Table des Matières	233
	Avis aux Lecteurs	235

PROPAGANDE SPIRITUALISTE

AVIS AUX LECTEURS

Au milieu du dévergondage d'idées et de style dont se rendent fauteurs la plupart des écrivains actuels, on est heureux de penser qu'il s'en trouve encore parmi eux quelques-uns qui savent respecter dans leurs livres, la religion, la morale, le bon sens et le bon goût.

De ce nombre est l'auteur des *Études de Philosophie catholique* que nous publions aujourd'hui. Ces Études témoignent du bon et salutaire esprit qui l'anime. Mais ce n'est pas le seul ouvrage qui soit sorti de sa plume. Il en est d'autres, d'un genre tout différent, qui ont eu autrefois leur jour de succès, leur heure même de célébrité parmi les délicats, et qu'on peut regretter de ne plus trouver dans la circulation, les éditions étant depuis longtemps épuisées.

Il nous a semblé qu'on relirait avec plaisir et avec profit ces livres qui n'ont pas vieilli, parce que l'imagination s'y appuie sans cesse sur le sentiment et la raison. Ces simples et gracieuses compositions, maintes fois couronnées par nos Académies, pourraient avoir quelque influence sur la direction des études littéraires de la jeunesse; elles ne sauraient manquer, dans tous les cas, d'être favorables à l'éducation générale des *nouvelles couches*.

Notre collection prendra le titre de *Petite Bibliothèque romantique*, par opposition à la *Grande Bibliothèque réaliste* qui a cours.

Elle se composera d'un choix fait dans la nomenclature des ouvrages désignés au verso ci-contre.

Elle formera d'abord six volumes in-12, dont deux volumes de vers, qui seront réimprimés les premiers, et quatre volumes de prose — au prix de 3 fr. 50 l'exemplaire; soit, net : 20 francs — pour la collection de cette première partie de l'œuvre de M. Edouard L'Hôte (l'un des rédacteurs de l'*Artiste*).

Si le succès répond, comme nous nous y attendons, à notre espérance et à nos désirs, la *Petite Bibliothèque romantique* s'accroîtra, ultérieurement, d'autres productions du même auteur.

Comme attrait supplémentaire, une Loterie de gravures, d'un caractère artistique et d'une valeur réelle, sera tirée, au profit des adhérents, dans l'ordre de leur numéro d'inscription sur la liste de souscription. L'entreprise ne fonctionnera qu'avec un chiffre de mille souscripteurs.

On souscrit d'avance, par mandat-postal de 20 francs, à Chauny (*Aisne*), chez M. NOUGARÈDE, imprimeur-éditeur, 35, rue du Pont-Royal.

NOTA. — Pour la commodité des adhérents, les souscriptions pourront s'échelonner dans l'espace d'une année, en *quatre* versements de cinq francs.

Chauny. — Imp. G. Nougarède.

www.ingramcontent.com/pod-product-compliance
Lightning Source LLC
Chambersburg PA
CBHW062021180426
43200CB00029B/2243